THE SPIRIT WITHIN
EL ESPÍRITU INHERENTE

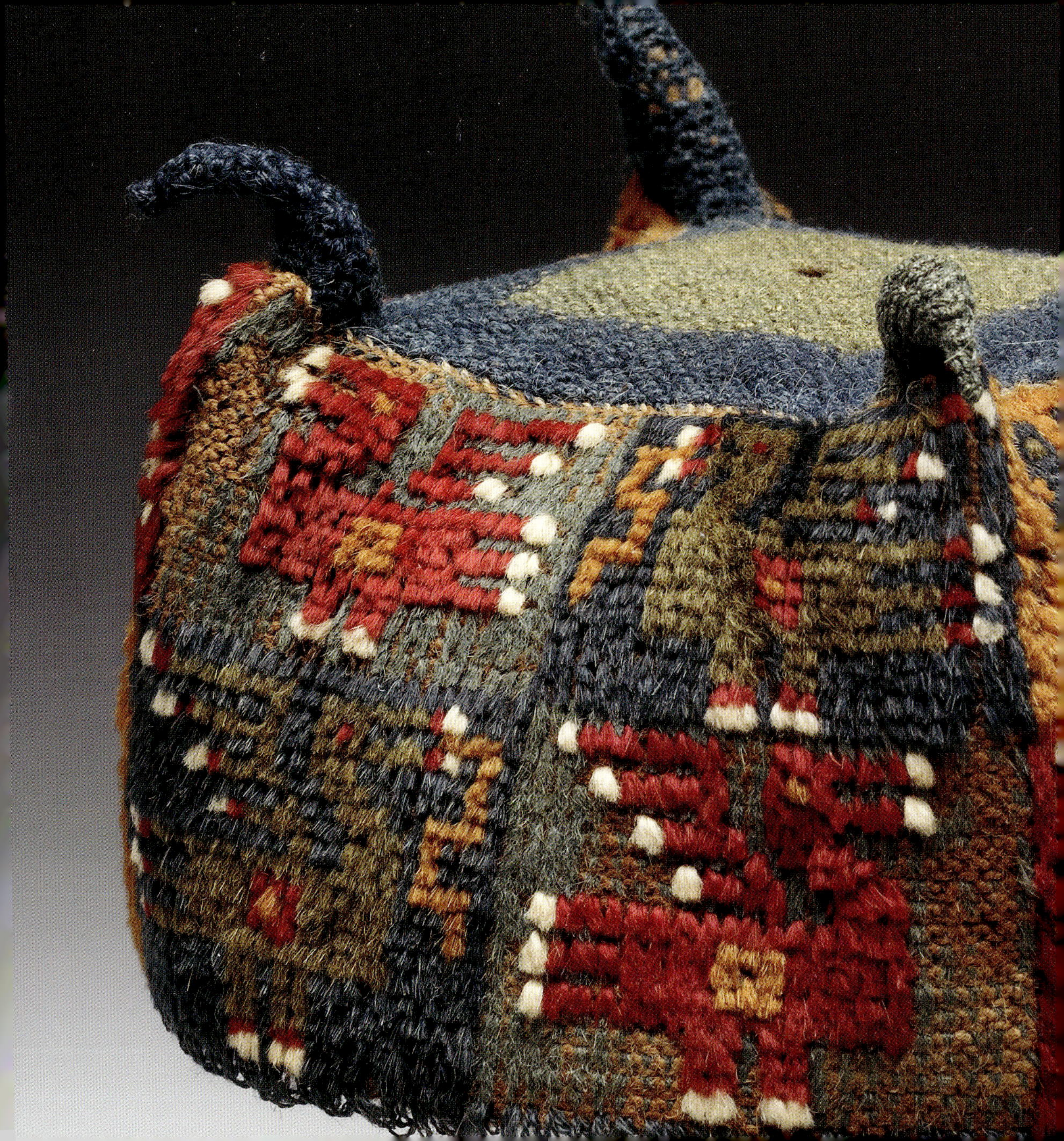

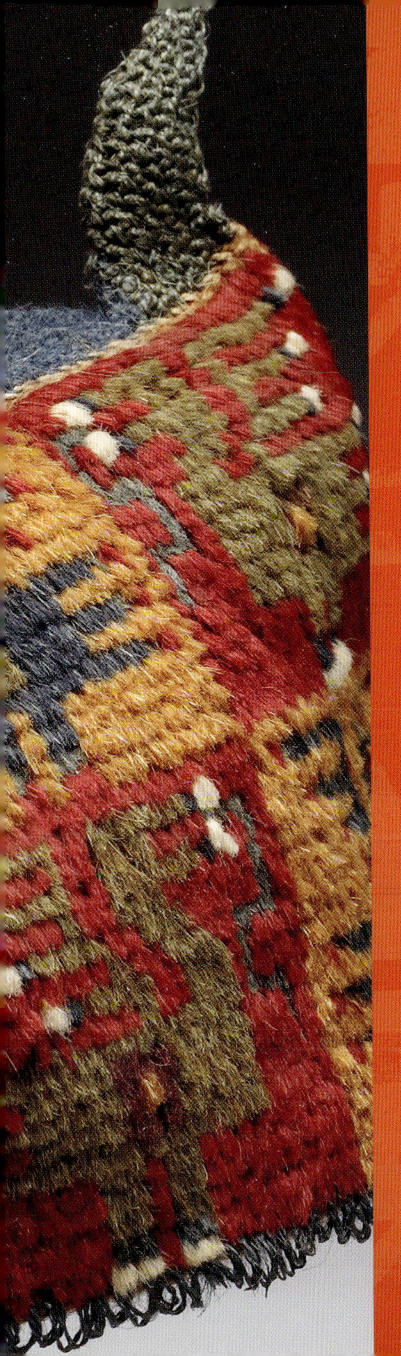

THE SPIRIT WITHIN
EL ESPÍRITU INHERENTE

Art and Life in Latin America
Arte y vida en Latinoamérica

Ellen Hoobler, William B. Ziff, Jr.,
Curator of Art of the Americas

Patricia Lagarde, Wieler-Mellon Postdoctoral
Curatorial Fellow, Art of the Americas

THE WALTERS ART MUSEUM 

The Walters Art Museum, Baltimore, in association with D Giles Limited

The Walters Art Museum
600 N Charles St
Baltimore, MD 21201
https://thewalters.org/

For the Walters Art Museum:
Julia Marciari-Alexander, Andrea B. & John
H. Laporte Director (2013–2024)
Gina Borromeo and Michelle RhodesBrown,
Interim Co-Directors
Ruth Bowler, Former Director of Publication
and Digital Production
Ariel Tabritha, Director of Digital Production
and Publication
Josh Houston, Manager of Publication
Copy-edited and proofread by Melanie Lukas
All photography by Ariel Tabritha, Elena
Damon, and Susan Tobin
Map by Tony Venne

© 2025 The Trustees of the Walters Art
Gallery, Baltimore

First published in 2025 by GILES
An imprint of D Giles Limited
66 High Street,
Lewes, BN7 1XG, UK
gilesltd.com

ISBN 978-1-913875-93-0

For D Giles Ltd:
Copy-edited and proofread by Jodi Simpson
and Miguel Laverde
Designed by Alfonso Iacurci
Produced by D Giles Limited
Printed and bound in Italy

Major support is provided by The John
G. Bourne Fund for The Exhibition of the Arts
of the Ancient Americas.

Generous support also provided by Matt
Polk and Amy Gould, The Terra Foundation
for American Art, The Hilde Voss Eliasberg
Fund for Exhibitions, the Estate of Rosalee
and Richard Davison, contributors to the
Gary Vikan Exhibition Endowment Fund,
and The Walters Women's Committee
Legacy Endowment. This publication is made
possible with additional support from The
Francis D. Murnaghan, Jr. Fund for Scholarly
Publications and the Sara Finnegan Lycett
Publishing Endowment. We also gratefully
acknowledge the contributions of presenting
sponsor PNC Bank.

This project has been made possible in part
by a major grant from the Institute of Museum
and Library Services (MA-255902-OMS-24). *The
views, findings, conclusions, or recommendations
expressed in this project do not necessarily
represent those of the Institute of Museum and
Library Services or other funders.*

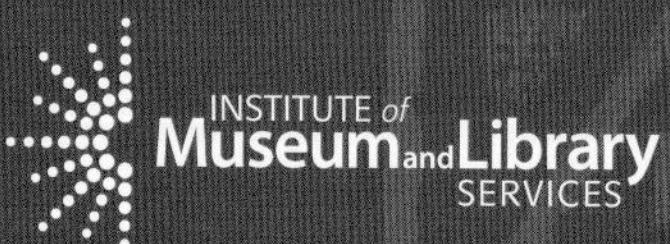

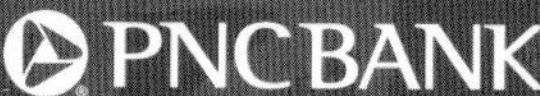

Front cover: Detail of Fig. 23
Back cover: Fig. 32
Frontispiece: Detail of Fig. 20
Page 10: Detail of Fig. 29
Page 26: Detail of Fig. 5
Page 48: Detail of Fig. 22
Page 70: Detail of Fig. 33
Page 94: Detail of Fig. 9

Library of Congress Cataloguing-in-
Publication Data

Names: Walters Art Museum (Baltimore,
    Md.), author. | Hoobler, Ellen, 1976-author.
    | Lagarde, Patricia, author. | Walters Art
    Museum (Baltimore, Md.). Spirit within
    English. | Walters Art Museum (Baltimore,
    Md.). Spirit within Spanish.
Title: The spirit within : art and life in Latin
    America = El espíritu inherente : arte y vida
    en Latinoamérica / Ellen Hoobler, William
    B. Ziff, Jr., Curator of Art of the Americas;
    Patricia Lagarde, Wieler-Mellon Postdoctoral
    Curatorial Fellow, Art of the Americas.
Other titles: Espíritu inherente : arte y vida en
    Latinoamérica
Description: Baltimore : The Walters Art
    Museum ; Lewes : in association with
    D Giles Limited, [2025] | Includes
    bibliographical references and index. |
    Summary: "This volume, coinciding with the
    opening of permanent Art of the Americas
    galleries at the Walters Art Museum in 2025,
    examines how, for people in the Indigenous
    Americas, materials had and continue
    to have a life of their own"-- Provided
    by publisher.
Identifiers: LCCN 2024052814 | ISBN
    9781913875930 (paperback)
Subjects: LCSH: Indian art--Latin
    America--Catalogs. | Art--Maryland--
    Baltimore--Catalogs. | Walters Art Museum
    (Baltimore, Md.)--Catalogs. | Indians
    of South America--Religion. | Artists'
    materials--Latin America--Religious aspects.
Classification: LCC F2230.1.A7 W35 2025 | DDC
    704.03/98--dc23/eng20241203
LC record available at https://lccn.
    loc.gov/2024052814

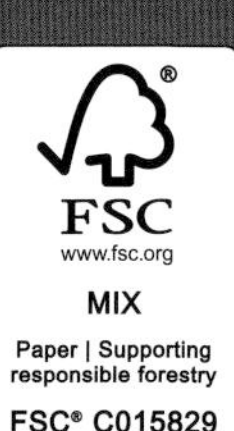

Contents/Contenido

6

Foreword
Presentación
Julia Marciari-Alexander

11

INTRODUCTION
INTRODUCCIÓN

27

POWERFUL PLANTS
PLANTAS PODEROSAS

49

ADMIRABLE ANIMALS
ANIMALES ADMIRABLES

71

MAGICAL MINERALS
MINERALES MÁGICOS

95

Selected Bibliography
Bibliografía seleccionada

96

Index
Indice

Foreword

This volume celebrates the opening of the first permanent Latin American Art galleries at the Walters Art Museum in 2025. The book considers how, for people in the Indigenous Americas, materials had and continue to have a life of their own. Ancient and modern craftspeople shaped jade, gold, feathers, and clay into exquisite artworks. Their meanings are also intertwined with the living essence of the raw materials themselves. People in the ancient Americas expended considerable effort in sourcing, refining, and caring for the organic matter and minerals from which they made objects of religious significance and beauty.

Henry Walters began collecting art from ancient Peru and Colombia as early as 1897. The collection has grown dramatically from the 125 early acquisitions by Henry Walters, with transformative gifts by several donors, most notably the approximately 350 works given by John Gilbert Bourne in 2009. Until now, works that represented the ancient Americas have not had a permanent gallery within the institution. Today, a selection of the approximately

Presentación

Este tomo celebra la apertura de las primeras galerías permanentes de Arte Latinoamericano en el Walters Art Museum en 2025. El libro considera cómo, para los pueblos indígenas de las Américas, los materiales tenían y siguen teniendo vida propia. Al igual que lo hacían los artesanos de la antigüedad, los de hoy dan forma al jade, al oro, a las plumas o a la arcilla para crear exquisitas obras de arte. El significado de esos objetos está entrelazado también con la esencia viva de las propias materias primas. Antiguamente los pueblos de las Américas hacían un esfuerzo considerable para obtener, refinar y cuidar los materiales vegetales y minerales con los que fabricaban objetos bellos y de alto valor religioso.

Ya desde 1897 comenzó Henry Walters a coleccionar arte antiguo de Perú y Colombia. La colección ha crecido de manera espectacular desde las 125 primeras adquisiciones que hizo Henry Walters, con donaciones determinantes entre las que se destacan las aproximadamente 350 obras que donó John Bourne en 2009. Hasta ahora, las obras que representaban a las

850 works from this collection are on view to the public.

Many people in the Baltimore region have personal connections to these artworks. A growing number of people in the city and surrounding areas can trace their ancestry to countries whose heritage is represented by the works in this compact, beautiful volume—the first in our collection series to offer a bilingual English–Spanish experience. Ellen Hoobler and Patricia Lagarde, the curators of the galleries, feature here thirty-four highlights, ancient to contemporary, from the collection of Latin American art. These works provide a window into the spiritual and intellectual context in which these objects were understood by the Indigenous people who made and used them.

The authors of this volume worked closely with many other Walters personnel—thanks are due to Ruth Bowler, former Director of Publication, who began the project, and Ariel Tabritha and Josh Houston, the current Director and Manager of Publication, respectively, who have seen it through, as well as to Melanie Lukas,

civilizaciones antiguas de Latinoamérica no habían tenido una galería permanente dentro de la institución. Actualmente se expone al público una selección de las aproximadamente 850 obras de esta colección.

Muchas personas que viven en la región de Baltimore tienen vínculos personales con estas obras de arte. Cada vez son más los habitantes de la ciudad y sus alrededores que pueden rastrear su ascendencia hasta países cuyo patrimonio está representado en las obras de este libro. Este hermoso y compacto tomo es el primero de nuestra colección en ofrecer una experiencia bilingüe en inglés y español. Ellen Hoobler y Patricia Lagarde, las curadoras de las galerías, presentan aquí treinta y cuatro piezas destacadas de la colección de arte latinoamericano. Tanto antiguas como contemporáneas, estas obras permiten apreciar el contexto espiritual e intelectual en el que los objetos eran concebidos por los pueblos indígenas que los fabricaban y empleaban.

Las autoras de este tomo han trabajado en estrecha colaboración con muchos otros

Foreword | Presentación

whose steadying editorial hand has shepherded the volume since its inception. Insights into the creation and use of many of the artworks on these pages have been offered by the conservators, conservation scientists, and conservation fellows at the Walters, including Gregory Bailey, Pamela Betts, Angie Elliott, Karen French, Elle Friedberg, Glenn Gates, Julie Lauffenburger, Daniela González-Pruitt, and Annette Ortiz Miranda, as well as former interns and fellows, particularly Alice Winkler. We also are grateful for the striking photography of Ariel Tabritha and Elena Damon that brings these objects to life.

JULIA MARCIARI-ALEXANDER
ANDREA B. AND JOHN H. LAPORTE DIRECTOR

miembros del personal del museo: debemos dar las gracias a Ruth Bowler, directora anterior del departamento de Publicaciones, quien inició el proyecto, y a Ariel Tabritha, su actual directora y quien lo ha supervisado, así como a Melanie Lukas, quien con firme mano editorial ha guiado este tomo desde sus inicios. Hemos recibido importantes aportes sobre la creación y el uso de muchas de las obras de arte que aparecen en estas páginas por parte de los conservadores, científicos y becarios del área de conservación del museo, entre ellos Gregory Bailey, Pamela Betts, Angie Elliott, Karen French, Elle Friedberg, Glenn Gates, Julie Lauffenburger, Daniela González-Pruitt y Annette Ortiz Miranda, así como de antiguos pasantes y becarios, y en particular de Alice Winkler. También agradecemos las magníficas fotografías de Ariel Tabritha y Elena Damon que dan vida a los objetos.

JULIA MARCIARI-ALEXANDER
ANDREA B. Y JOHN H. LAPORTE DIRECTOR

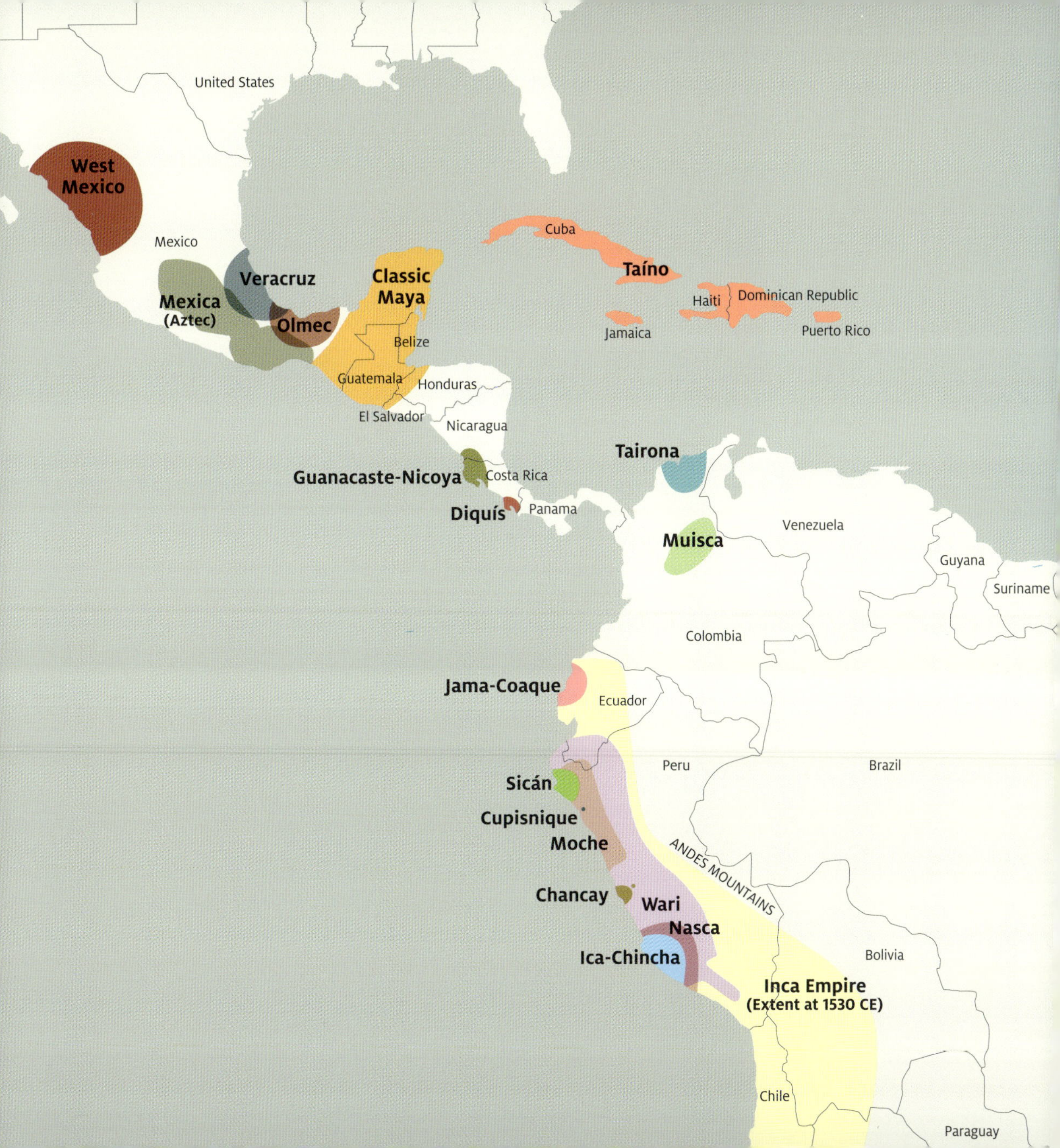

United States
West Mexico
Mexico
Veracruz
Mexica (Aztec)
Olmec
Classic Maya
Belize
Guatemala
Honduras
El Salvador
Nicaragua
Cuba
Taíno
Haiti
Dominican Republic
Jamaica
Puerto Rico
Tairona
Guanacaste-Nicoya
Costa Rica
Diquís
Panama
Muisca
Venezuela
Guyana
Suriname
Colombia
Jama-Coaque
Ecuador
Peru
Brazil
Sicán
Cupisnique
Moche
ANDES MOUNTAINS
Chancay
Wari
Nasca
Ica-Chincha
Inca Empire
(Extent at 1530 CE)
Bolivia
Chile
Paraguay

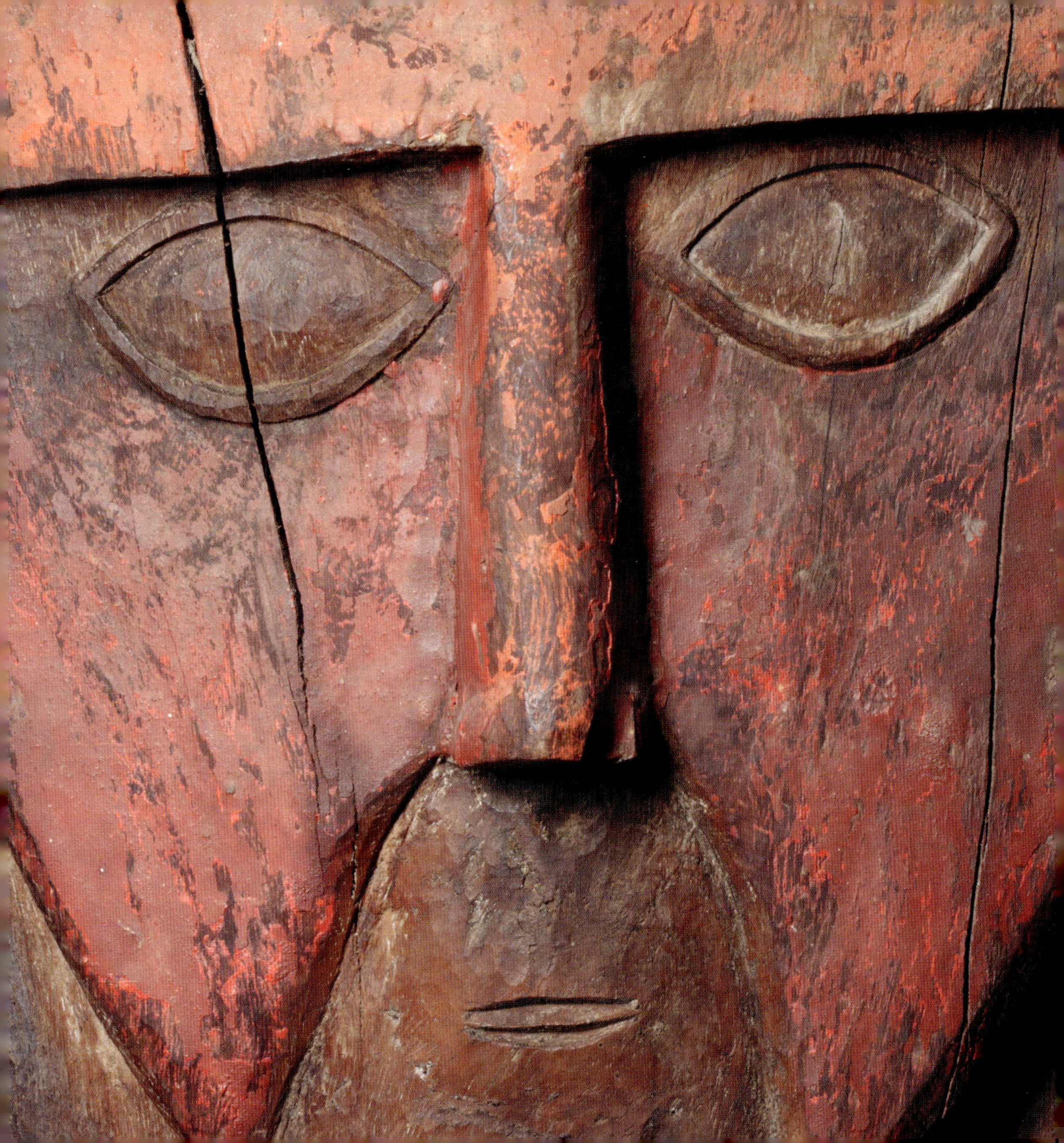

INTRODUCTION

INTRODUCCIÓN

I want to make people understand the importance of nature and the respect and gratitude that we must have for her. Everything here has life: plants, animals, mountains, rivers, lagoons, stones all feel and speak, the same as we do. That is why I have been very interested in . . . teaching others to care for and conserve Mother Earth.

—Francisco Chimontero Nuibita Dingula, "Birds of the Sierra Nevada de Santa Marta and Their Significance in Kaggaba Culture" (2022), in Julia Burtenshaw et al., *The Portable Universe / El universo en tus manos*, p. 59

Quiero que la gente comprenda la importancia de la naturaleza y el respeto y gratitud que debemos tenerle. Aquí todo tiene vida: las plantas, los animales, las montañas, los ríos, las lagunas, las piedras; todos sienten y hablan, igual que nosotros. Por eso me ha interesado mucho enseñar... a otras personas a cuidar y conservar la Madre Tierra.

Francisco Chimontero Nuibita Dingula, a *mamo*, or priest, of the Kaggaba culture of Colombia, succinctly expresses a view common to many Indigenous people in Latin America: different entities in the physical world are all intertwined with a single life force. This force or energy has numerous names in Indigenous languages: *chu'lel* among the Maya, *camac* in Quechua of the Andes, *tonalli* in Nahuatl of Mexico, and many others, some lost to time. Across Latin America, there is a much wider understanding of living, sentient, and communicative beings, encompassing Western categories of creatures, plants, and rocks and minerals.

Even the Earth itself is often conceived of as a living being, as Nuibita Dingula's reference to Mother Earth suggests. Sometimes the world is thought of as having the form of a human female, or else she is represented by her shrines, specific rocks and trees, or by her messengers, often birds. Some accounts tell of stones in the Andes rising from the fields to participate in military campaigns. In other stories, the landscape itself is imagined as an animal, such as the

Francisco Chimontero Nuibita Dingula, un *mamo* (o sacerdote) de la cultura kaggaba de Colombia, expresa sucintamente una visión que comparten muchos pueblos indígenas de Latinoamérica: las diferentes entidades del mundo físico están interconectadas con una única fuerza vital. Esta fuerza o energía tiene varios nombres en las lenguas indígenas: *chu'lel* entre los mayas, *camac* en el quechua de los Andes, *tonalli* en el náhuatl de México, y muchos otros términos, algunos de ellos perdidos en el tiempo. A lo largo de todo América Latina, hay una comprensión mucho más amplia de los seres vivos, con sentimientos y con capacidad de comunicarse, que supera las categorías occidentales de criaturas, plantas, rocas y minerales.

Incluso la propia Tierra se concibe a menudo como un ser vivo, como sugiere la referencia de Nuibita Dingula a la Madre Tierra. A veces se piensa que el mundo tiene la forma de una mujer, o bien se representa por medio de sus santuarios, determinadas rocas y árboles, o por medio de sus mensajeros, que suelen ser pájaros. Algunos relatos hablan de piedras en los Andes

nubbly back of an alligator. This life force also imbues plants, which provide shelter, sustenance, and medicine. In the Maya sacred epic known as the *Popol Vuh*, the first people were molded from *masa* corn dough. This saga shows the inextricable connection between people and plants, and indeed all entities, as links in a chain that ensures the successful functioning of the Earth.

Thus, there are many creation stories and ways of understanding this life energy in Latin America. While we as scholars draw broad connections across time and space, we do not seek to erase the specificity of beliefs from cultures that have originated—and continue to thrive—over the past four millennia and across a geography spanning 6,000 miles north to south. It is also difficult to express, in words, conceptual categories that are specific to Indigenous beliefs in Latin America. The perspectives of Indigenous people are particularly difficult to access because of the impact of European military, economic, and political interventions (ca. 1500–1800) and their enduring effects that

que se levantaron de los campos para participar en campañas militares., En otras historias, incluso se imagina el paisaje como un animal, como el lomo rugoso de un caimán. Esta fuerza vital también está presente en las plantas, las que proporcionan refugio, sustento y remedio. En la epopeya sagrada maya conocida como el *Popol Vuh*, las primeras personas se modelaron a partir de masa de maíz. Esta saga muestra la conexión inextricable entre las personas y las plantas y, de hecho, entre todas las entidades, como eslabones de una cadena que garantiza el buen funcionamiento de la Tierra.

Es así que son muchas las historias de la creación y las formas de entender esta energía vital en América Latina. Aunque los académicos establecemos conexiones generales a través del tiempo y el espacio, no pretendemos borrar la especificidad de las creencias de las culturas que se han originado – y siguen prosperando – en los últimos cuatro milenios y a lo largo de una geografía que abarca 9.700 kilómetros de norte a sur. Asimismo, es difícil expresar con palabras las categorías conceptuales propias de las

persist to the present day. The Catholic church suppressed native beliefs that they viewed as dangerous, resulting in the marginalization of traditional Indigenous knowledge. As much as possible, we as authors seek to let the objects on these pages tell visual stories that parallel our text. These words and images show how different people at various times and places made works of art that in their materials and subjects convey this life force that binds all entities.

A thousand years ago, a Tairona artist in what is today Colombia—perhaps an ancestor of Francisco Chimontero Nuibita Dingula—created a bell in gold alloy (fig. 1). It depicts a supernatural creature with a human torso, mitten-like hands, and the head of a bat. Its features are based on the leaf-nosed bat, a voracious hunter. The bell represents Heisei, a deity associated with death and disease in some Indigenous Colombian religions. Religious practitioners used this type of ornament in dance performances to ward off illness and evil. The bell was an active participant, creating musical sounds as its wearer leaped and spun in these rituals. Just as important was

creencias indígenas de América Latina. Es así que es especialmente difícil conocer la perspectiva de los pueblos indígenas debido al impacto de las intervenciones militares, económicas y políticas europeas (hacia 1500–1800) y cuyos efectos aún perduran hasta nuestros días. Los intentos de los españoles por suprimir las creencias nativas – que los católicos consideraban peligrosas – marginalizaban e hicieron encubiertas gran parte del conocimiento tradicional indígena. En la medida de lo posible, las autoras de este tomo intentamos que los objetos que presentamos en estas páginas cuenten historias visuales en paralelo a nuestro texto. Estas palabras e imágenes muestran cómo diferentes personas en distintas épocas y lugares crearon obras de arte que por sus materiales y temas transmiten esta fuerza vital que une a todas las entidades.

Hace mil años, un artista tairona de la actual Colombia – quizá un antepasado de Francisco Chimontero Nuibita Dingula – creó una campana en aleación de oro (fig. 1). Esta representa a una criatura compuesta, con torso humano, manos en forma de manopla y cabeza de murciélago.

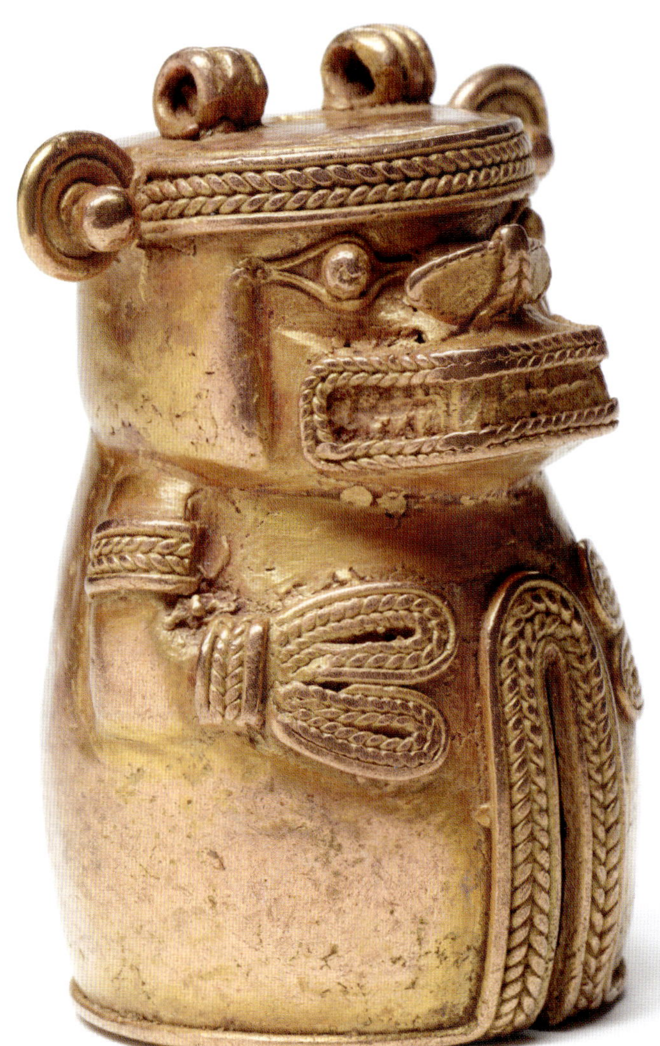

Fig. 1

Bell with Bat / Animal Deity,
Tairona, Colombia, 900–1500,
gold alloy, 2 ¼ × 1 ¹¹⁄₁₆ × 1 ³⁄₈ in.
Gift of Elena Austen Stokes,
2003, acc. no. 57.2288

**Campana con murciélago /
deidad animal**, cultura tairona,
Colombia, 900–1500; aleación
de oro, 5.7 × 4.3 × 3.5 cm.
Donación de Elena Austen
Stokes, 2003, num. de
registro 57.2288

the association, common to many Colombian Indigenous people, of gold with the sun's energy. Even today, *mamos*, or Indigenous priests, will expose gold pendants and bells to the sun's rays to charge them with energy. While gold is valued worldwide for its strength and luster, in ancient Latin America it was never made into coinage. It was instead formed into jewelry, for its true value was in transferring its power to the individual it adorned.

Across the Americas, materials held deep meanings that referred to the subjects they represented as well as to cultural values. In ancient Mesoamerica, a cultural region spanning present-day Mexico and parts of Central America, red pigments such as mercury-based cinnabar and organic cochineal were often used to decorate sacred and ritual objects and spaces. Red spots of cochineal are present on the cheeks of a sculpted face plate (fig. 2) made by an artist of the Mexica culture (commonly referred to as the Aztecs). The curved panel renders the face of the deity Mictlantecuhtli (Lord of the Underworld). The plate is carved

from wood, likely a Mexican cedar, and is decorated with plaster and pigments. The plaster was made from limestone, often derived from seashells that had to be dredged from lakes and oceans—that is, from the watery underworld whose lord is portrayed here. The red of cochineal was known in Nahuatl, the language of the Mexica, as *nocheztli*, or "blood of the prickly-pear cactus fruit," but it was actually ground from insects that live on cacti. In other cases, Mexica artists painted sculptures with mineral red pigments. Cinnabar, cochineal, and other red hues were stand-ins for blood and were often sprinkled in tombs because their red color remained vibrant for centuries. (The red spots here are difficult to see now since the plaster has been abraded in the past six hundred years.) By adorning the death deity with a red symbolizing eternally fresh blood, the mask exemplifies how Latin American artists imbued objects with a life-giving essence, activated by their materials and decoration.

The interconnectedness of life among humans, animals, plants, and natural elements

a los valores culturales. En tiempos antiguos, en Mesoamérica, una región cultural que abarca el actual México y partes de Centroamérica, se utilizaban pigmentos rojos como el cinabrio, a base de mercurio, y la cochinilla (un pigmento orgánico) para decorar objetos y espacios tantos sagrados como rituales. En las mejillas de una máscara esculpida (fig. 2) por un artista de la cultura mexica (comúnmente denominada azteca) aparecen manchas rojas de cochinilla. El panel curvo representa el rostro de la deidad Mictlantecuhtli (Señor del Inframundo). La máscara está tallada en madera, probablemente cedro mexicano, y decorada con yeso y pigmentos. El yeso se fabricaba con cal, a menudo procedente de conchas marinas extraídas de lagos y océanos, es decir, del inframundo acuático cuyo dios está aquí retratado. El rojo de la cochinilla se conocía en náhuatl, la lengua de los mexicas, como *nocheztli* o "sangre de la tuna" (fruta de la cactácea comúnmente conocida como el nopal) pero, en realidad, se molía a partir de los insectos que viven en los cactus. En otros casos, los artistas mexicas pintaban las

Face Panel of Mictlantecuhtli (Lord of the Underworld), Mexica (Aztec), Mexico, 1450–1521, wood, white ground with traces of black and red paint, 6 ¾ × 5 ½ × 2 ¹³⁄₁₆ in. Gift of John Bourne, 2009, acc. no. 2009.20.1

Panel con el rostro de Mictlantecuhtli (Señor del Inframundo), cultura mexica (azteca), México, 1450–1521, madera, fondo blanco con restos de pintura negra y roja, 17.2 × 14 × 7.2 cm. Donación de John Bourne, 2009, num. de registro 2009.20.1

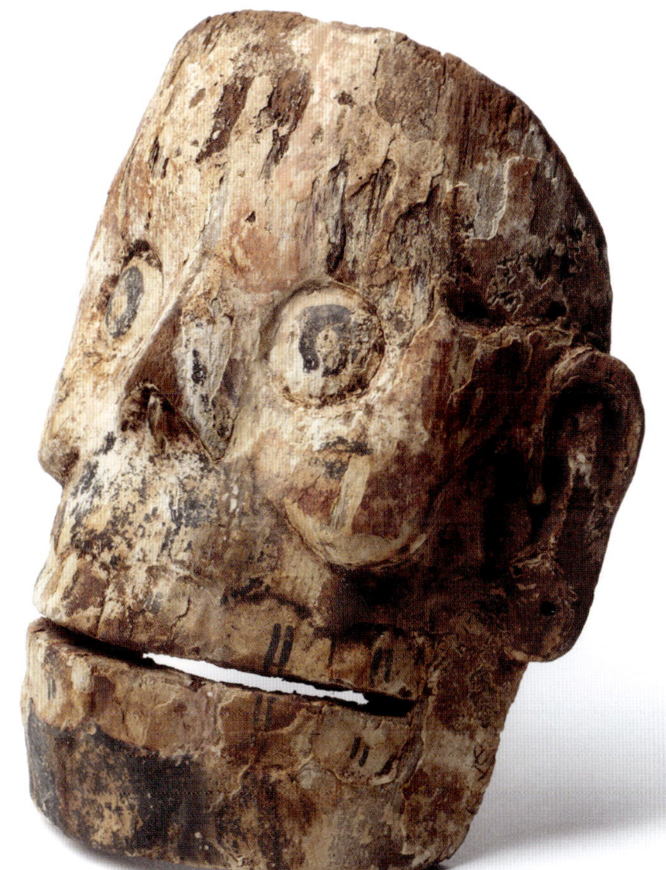

is abstractly communicated by a textile panel (fig. 3) made by a weaver of the Wari culture between 600 and 900 CE. Before the advent of industrial textile mills in the eighteenth century, cloth was one of the most labor-intensive necessities of life. This cloth is the result not only of a long chain of production but also of ancient Andean people's close association with llamas, alpacas, and other camelids. Wari weavers fed and protected the animals as they grew, and sheared, cleaned, and spun their soft hair into wool. The Wari dyed the thread using plants and substances from a range of ecosystems, and this environmental diversity is echoed in the structure of the textile itself. To create this cloth's imagery, Wari weavers used brilliant colors to render a geometric pattern of squares. Divided diagonally, one half of the square shows a being in profile. The other half shows a stylized version of the landscape: the sea, represented by the wave form, and the Andes Mountains, shown as steps. From the actual landscapes were drawn minerals, medicines, and prestige items, as well as the animals and plants that sustained people.

esculturas con pigmentos minerales rojos. El cinabrio, la cochinilla y otros tonos rojizos eran sustitutos de la sangre y se solían espolvorear sobre las tumbas dado que su color rojo conservaba la intensidad durante siglos. (Las manchas rojas que aparecen en esta pieza son difíciles de ver ya que el yeso se ha desgastado en los últimos seiscientos años). Por el hecho de adornar al Dios de la Muerte con un rojo que simboliza la sangre siempre fresca, la máscara es un ejemplo de cómo los artistas latinoamericanos imbuían a los objetos de una esencia vital que se activaba con sus materiales y su decoración.

La interconexión vital entre los seres humanos, los animales, las plantas y los elementos naturales aparece expresada de forma abstracta en un panel textil (fig. 3) realizado por un tejedor de la cultura wari entre los años 600 y 900 d. C. Antes de la llegada de las fábricas textiles industriales en el siglo XVIII, la confección de telas era una de las necesidades más laboriosas de la vida social. Esta tela es el resultado no sólo de una larga cadena de producción sino también de la estrecha relación de los antiguos pueblos

Creating such a direct visual pairing of animals and places shows how the Wari conceived of these entities as mutually dependent, both containing and manifesting a sacred life energy.

By contrast, Taíno people of the Caribbean created containers, known as *zemíes*, for the energies of their deities and ancestors (fig. 4). These figures could be consulted in ceremonies commemorating ancestors. The *zemíes* were figures of wood, stone, or other materials identified as already full of spiritual power themselves, which were then carved or shaped by specialists. Oftentimes, these objects were passed down over generations from one caretaker to the next. This *zemí* is made from a dense basalt, or volcanic stone. It is much heavier than its size suggests, as though the spirit within were adding to its weight. This may depict a deity or an ancestor figure, but it was not necessary for *zemíes* to be portraitlike. The spirit would reveal itself to those who sought to communicate with it.

The works of art discussed in this book illustrate, in various ways, the life energy that

andinos con las llamas, las alpacas y otros camélidos. Los tejedores wari alimentaban y protegían a estos animales mientras crecían: los esquilaban, luego limpiaban e hilaban el suave pelo hasta convertirlo en lana. Los wari teñían el hilo con plantas y sustancias procedentes de distintos ecosistemas, y esta diversidad de entornos se refleja en la estructura del propio tejido. Para crear las imágenes que se ven en esta tela, los tejedores wari usaron colores intensos con los cuales lograr un patrón geométrico de cuadrados; estos están divididos por una diagonal, donde a un lado se ve un ser de perfil. En la otra mitad se ve una versión estilizada del paisaje: el mar, mostrado por la forma de ola, y la cordillera de los Andes, representada como escalones. De los paisajes reales se extraían los minerales, medicamentos y objetos de prestigio, así como los animales y plantas que servían de sustento a la población. La creación de un binomio visual tan directo entre animales y lugares muestra cómo los wari concebían estas entidades como interdependientes, pues ambas contenían y manifestaban una energía vital sagrada.

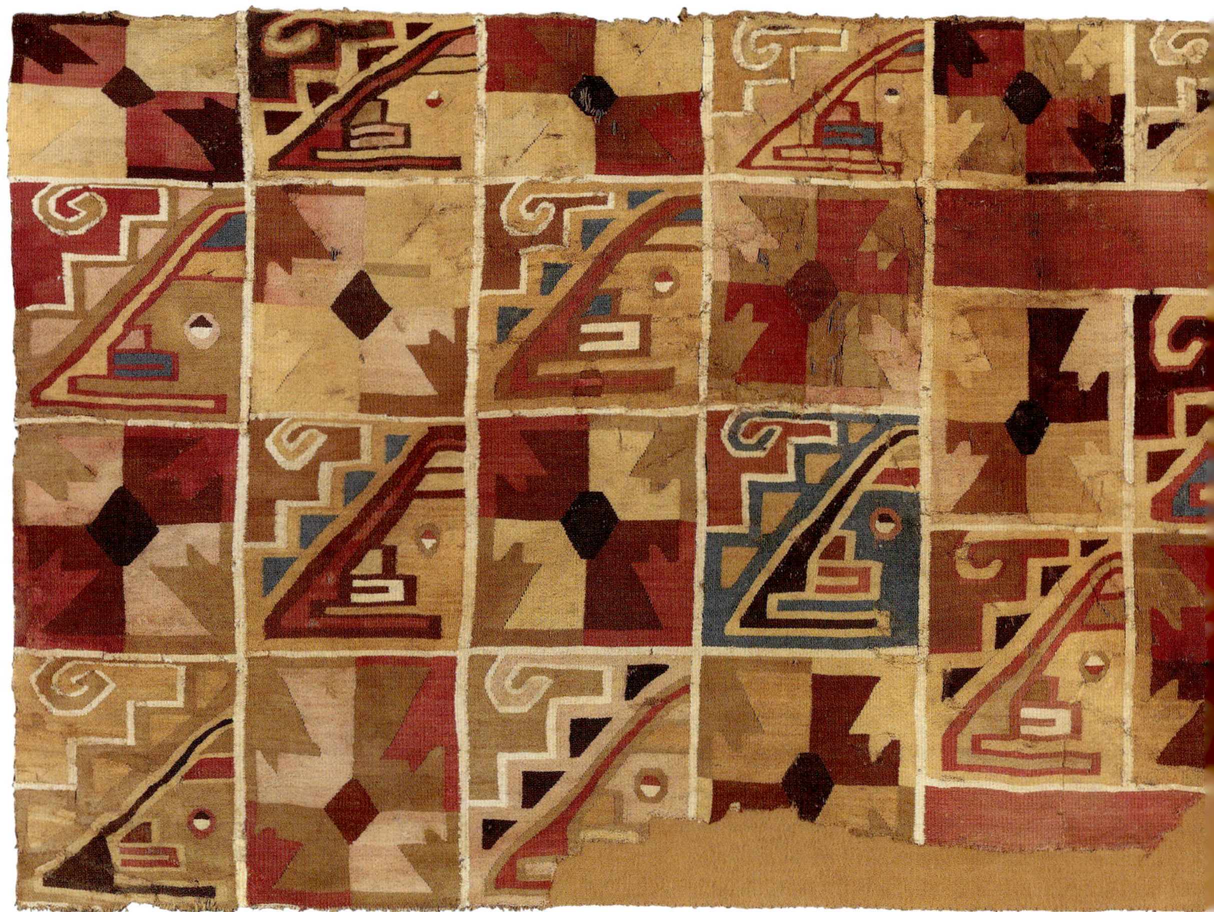

Tunic Panel, Wari, Peru, 600–900, camelid fibers, 40 × 20 in. Gift of Georgia and Michael de Havenon, 2016, acc. no. 2011.20.7

Panel con túnica, cultura wari, Perú, 600–900, fibras de camélido, 101.6 × 50.8 cm. Donación de Georgia y Michael de Havenon, 2016, núm. de registro 2011.20.7

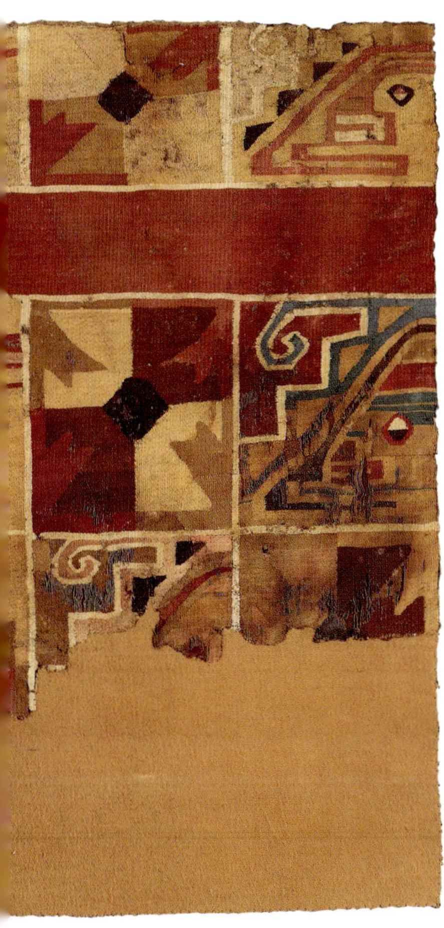

En cambio, el pueblo taíno del Caribe creó recipientes, conocidos como *zemíes*, para contener la energía de sus deidades y antepasados (fig. 4). Se podía hacer consultas a estas figuras durante las ceremonias de conmemoración de los antepasados. Los *zemíes* eran figuras de madera, piedra u otro material cargadas de poder espiritual, las que luego eran talladas o moldeadas por especialistas. Frecuentemente estos objetos solían pasar de generación en generación, de un custodio a otro. Este *zemí* está hecho de un basalto denso o piedra volcánica. Es mucho más pesado de lo que podría parecer por su tamaño, como si el espíritu inherente que lleva dentro aumentara su peso. Puede representar a una deidad o a una figura de un antepasado, aunque no era necesario que los *zemíes* tuvieran características de retratos. El espíritu se revelaría a aquellos que buscasen comunicarse con ella.

Las obras de arte que se analizan en este libro ilustran de diversas maneras la energía vital que los pueblos indígenas de América entienden que está presente en todas partes de

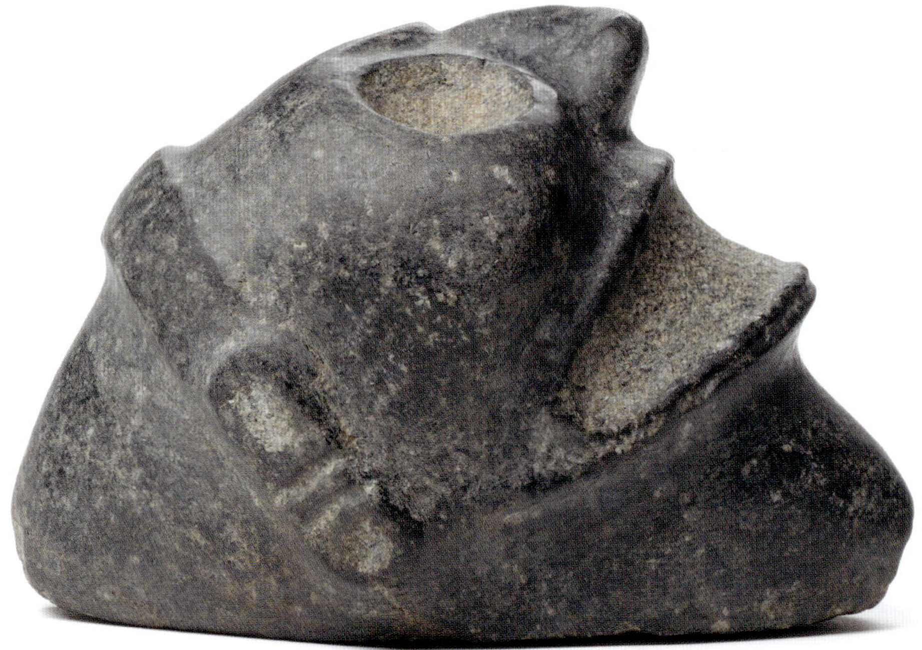

Fig. 4

Zemí, Taíno, Dominican Republic, Haiti, or Puerto Rico, 1200–1500, basalt, 6 ¾ × 4 ⅞ × 4 ¾ in. Gift of the Austen-Stokes Ancient Americas Foundation, 2005, acc. no. 2005.6

Zemí, cultura taína, República Dominicana, Haití, o Puerto Rico, 1200–1500, basalto, 17.1 × 12.4 × 12.1 cm. Donación de la Austen-Stokes Ancient Americas Foundation, 2005, num. de registro 2005.6

Indigenous Latin American people understand to imbue all parts of their world. According to ancient and present-day belief systems, Andeans assemble offerings for rituals by choosing substances from the categories of animal, plant, and mineral. This is true as well in tomb assemblages of ancient Zapotec, Maya, and West Mexican rulers: food, sacrificed animals, and jade or stone beads and figurines were always included together. For gifts to the divine entities to be considered successful, examples from all three domains needed to be included. This book represents the authors' offering to the ancestors, expressing reverence and respect for the ancient cultures that created these objects, as well as for the contemporary people who maintain traditions that have endured and evolved over millennia.

su mundo. Según los sistemas de creencias pasados y presentes, los pueblos andinos preparan ofrendas para los rituales eligiendo sustancias de origen animal, vegetal y mineral. Lo mismo ocurre con los conjuntos funerarios de los antiguos gobernantes zapotecas, mayas y de las culturas del oeste de México: comida, animales sacrificados, abalorios y estatuillas de jade o piedra siempre se encontraban juntos. Para que tuvieran éxito, ofrendas a las deidades necesitaban incluir a representantes de todos estos tres dominios. Este libro constituye una ofrenda que hacen sus autoras a los antepasados, y es una expresión de reverencia y de respeto por las antiguas culturas que crearon estos objetos, así como también por los pueblos del presente que aún mantienen tradiciones que han perdurado y evolucionado a lo largo de milenios.

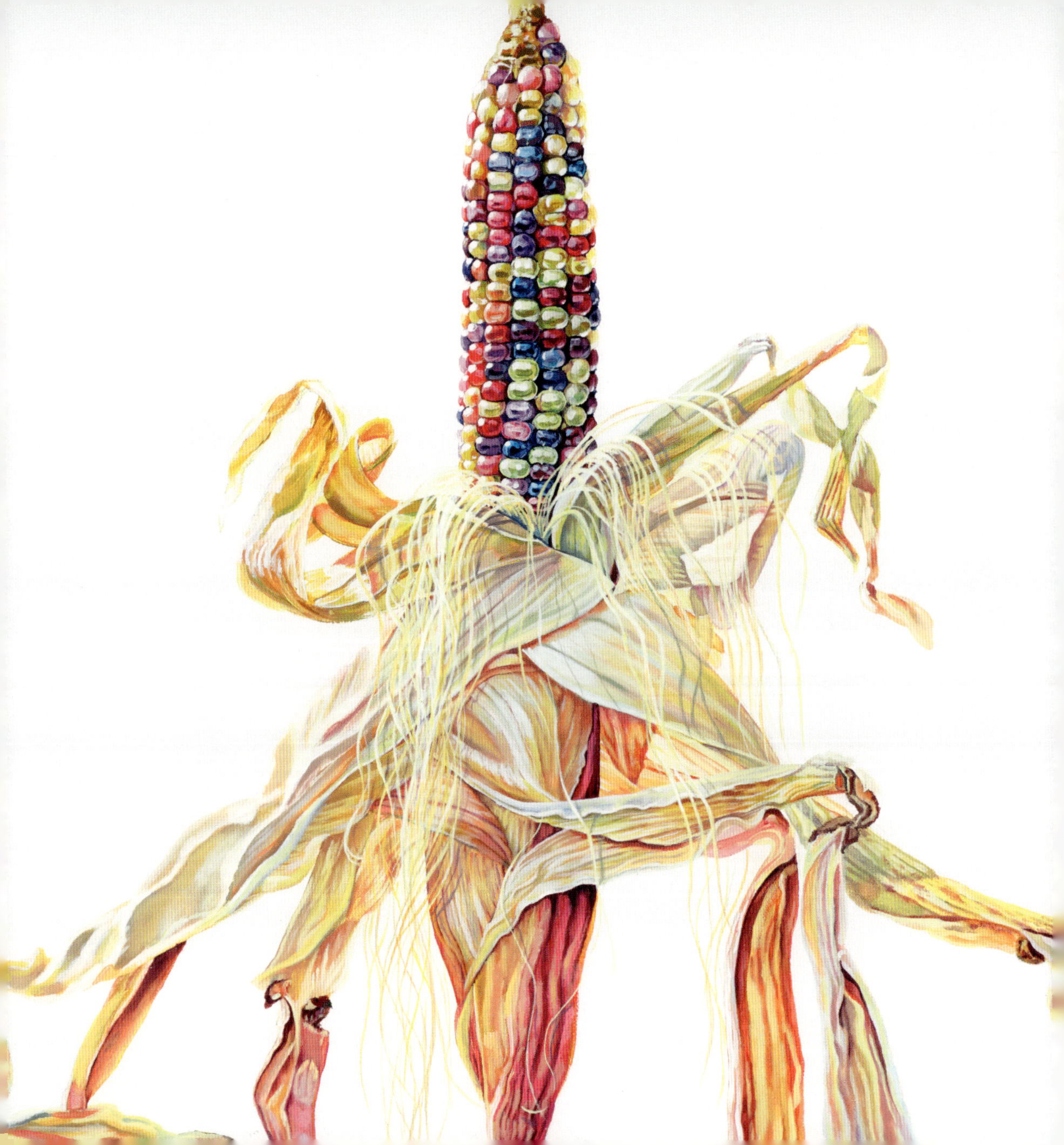

POWERFUL PLANTS

PLANTAS PODEROSAS

"Morning has come for humankind, for
the people of the face of the earth" . . . the
yellow corn and white corn were ground,
and Xmucane did the grinding nine times.
Food was used, along with the water she
rinsed her hands with, for the creation of
grease; it became human fat when it was
worked by the Bearer, Begetter, Sovereign
Plumed Serpent, as they are called. After
that, they put it into words:

"The making, the modeling of our
first mother-father,
with yellow corn, white corn alone
for the flesh,
food alone for the human legs and arms,
for our first fathers, the
four human works."

—*Popol Vuh: The Mayan Book of the Dawn
of Life*, trans. Dennis Tedlock, pp. 145–46

*"La mañana ha llegado para la humanidad,
para los pueblos sobre la faz de la tierra..."
se molieron el maíz amarillo y el blanco,
y Xmucane hizo la molienda nueve veces.
Se usó la comida y el agua con la que se
enjuagó las manos para crear la grasa,
que se convirtió en grasa humana cuando
la trabajaron el Creador, el Formador y la
Soberana Serpiente Emplumada, como se los
conoce. Después, dijeron lo siguiente:*

*"La creación y la formación de nuestra
primera madre-y-padre
fue con maíz amarillo, y con maíz blanco se
hizo su carne,
de masa de maíz se hicieron los brazos y las
piernas del hombre,
de nuestros padres, los cuatro hombres que
fueron creados."*

The epic known as the *Popol Vuh* was first written down in a Roman alphabetic transliteration of the K'iche' Maya language in the sixteenth century, but it is believed to draw upon a saga created hundreds or even thousands of years previously, which survived through oral tradition. The *Popol Vuh* is a creation story of humankind that centers plants such as corn, calabash, and cacao as metaphors for ritual transformation in life, death, and the spiritual realms.

Corn is central to these origin myths. In the Americas, as in other parts of the world, civilization emerged because of the domestication of plants and the invention of agriculture. This notion is beautifully summed up in the Walters' painting by Baltimore-based artist Jessy DeSantis from 2020: *Cintli, Corn, Maíz* (fig. 5). DeSantis shows corn's importance for ancient and contemporary people of Latin America by transforming the outer husks into the lush and colorful feathers of the tropical quetzal bird. These plumes were highly prized in ancient times for their great length, green-blue color,

La epopeya conocida como *Popol Vuh* se escribió por primera vez en una transliteración al alfabeto romano de la lengua maya k'iche' en el siglo XVI, pero se cree que se basa en una saga creada cientos o incluso miles de años antes, la que sobrevivió mediante la tradición oral. El *Popol Vuh* es una narración de la creación de la humanidad en la cual se emplea plantas (como el maíz, la calabaza y el cacao) como metáforas de la transformación ritual que se da en la vida, la muerte y los reinos espirituales.

El maíz fue un elemento central en este origen mítico. En las Américas, como en otras partes del mundo, la civilización surgió gracias al cultivo de las plantas y a la invención de la agricultura. Esta noción queda bellamente presentada en la pintura que se exhibe en el Museo Walters, obra de la artista radicada en Baltimore Jessy DeSantis: *Cintli, Corn, Maíz* de 2020 (fig. 5). DeSantis muestra la importancia del maíz para los pueblos antiguos y contemporáneos de las Américas al transformar las hojas exteriores en las exuberantes y coloridas plumas de un pájaro tropical, el quetzal.

and dazzling iridescence, and are still incorporated into headdresses and ritual objects today. DeSantis visually connects and makes clear the importance of quetzal plumes and maize (corn) to Indigenous people in Latin America. *Cintli*, the word for corn in Nahuatl, references the ancient roots of this American domesticate. As a staple crop, corn was celebrated in ancient Latin America for its life-sustaining nutrition, which helped humankind build larger and increasingly complex civilizations.

Just as corn became a metaphor for the creation of humans in Mesoamerican civilizations, root vegetables were used as analogies for abstract concepts and ideas in the Andes. As early as 1200 BCE, the Cupisnique people in Peru recognized that tubers such as potatoes and yuca were rich in nutrients. The crops' ability to withstand extreme conditions and grow in Peru's coastal desert and rocky sierra allowed civilizations to flourish in these challenging environments. The Cupisnique commemorated tubers' potent abilities by creating effigy vessels that mimicked their uniquely diverse and

Estas plumas eran muy apreciadas por su gran longitud, su color verde azulado y su deslumbrante iridiscencia, y aún hoy se incorporan a tocados y objetos rituales. DeSantis establece una conexión entre las plumas de quetzal y el maíz, evidenciando su importancia para los pueblos indígenas de Latinoamérica. El término *Cintli*, que significa maíz en náhuatl, hace referencia a las raíces de este cultivo originario de América. Antiguamente el maíz, en tanto cultivo principal, era de gran importancia en Latinoamérica por su valor nutritivo; así pues, el maíz ayudó a la humanidad a construir civilizaciones más grandes y cada vez más complejas.

Del mismo modo en que el maíz se convirtió en una metáfora de la creación del ser humano en las civilizaciones mesoamericanas, los tubérculos se utilizaban como analogías de conceptos e ideas abstractas en los Andes. Ya para el año 1200 a. C., el pueblo cupisnique del Perú sabía que los tubérculos como la papa y la yuca tenían muchos nutrientes. La capacidad de los cultivos para resistir condiciones extremas y crecer en la costa desértica o en la escarpada sierra

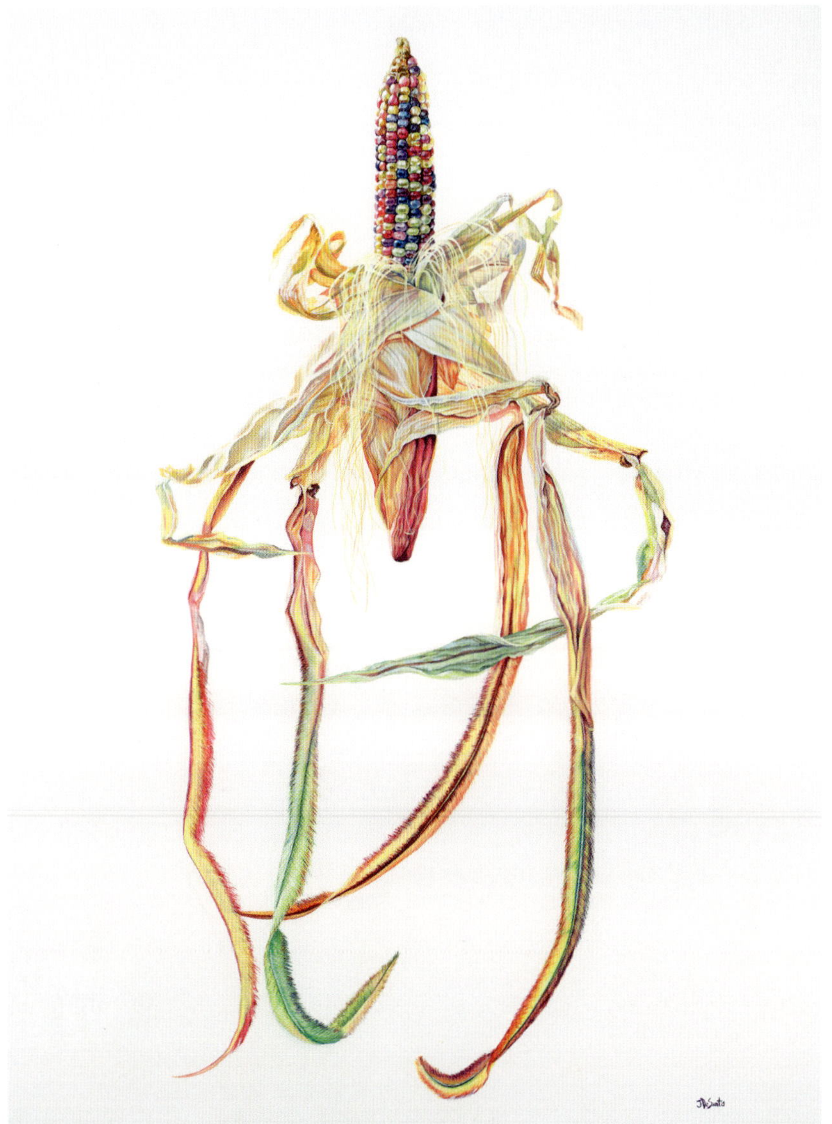

Fig. 5

Cintli, Corn, Maíz, Jessy DeSantis (Nicaraguan American, born 1990), 2020, acrylic on canvas, 48 1/16 × 36 × 1 9/16 in. Museum purchase, 2023, acc. no. 37.2951. © Jessy DeSantis, 2020

Cintli, Corn, Maíz, Jessy DeSantis (nicaragüense-estadounidense, nacida en 1990), 2020, acrílico sobre lienzo, 122 × 91.5 × 4 cm. Adquisición del museo, 2023, num. de registro 37.2951. © Jessy DeSantis, 2020

organic shapes (fig. 6). Some Andean cultures, such as the Moche, recognized the generative power of the potato's eyes, or nodules, as a supernatural ability for self-regeneration. As diverse as the varieties of tubers in the Andes are the names they are called by present-day speakers of Quechua. This poetic language draws attention to the physical features of the individual varieties, many referencing the shape of the plant's root.

Kkehuillu: twisted potato

Yana puma maqui papa: black puma's paw potato

Huira pasña papa: the fat woman potato

Cachan huacachi papa: the potato that makes the daughter-in-law cry (in reference to a very bumpy and hard-to-peel potato)

peruana permitió a las civilizaciones florecer en estos ambientes hostiles. El pueblo cupisnique conmemoraba el poder de los tubérculos creando vasijas efigie que imitaban sus formas orgánicas y diversas (fig. 6). Algunas culturas andinas, como la moche, reconocían el poder generativo de los ojos de la papa, o nódulos, como una capacidad sobrenatural de auto-regeneración. Tan diversos como las variedades de tubérculos de los Andes son los nombres que les dan los actuales hablantes de quechua. Este lenguaje poético destaca las características físicas de las distintas variedades, muchas de las cuales hacen referencia a la forma de la raíz de la planta.

Kkehuillu: papa retorcida

Yana puma maqui papa: papa pata de puma negro

Huira pasña papa: papa con forma de mujer gorda

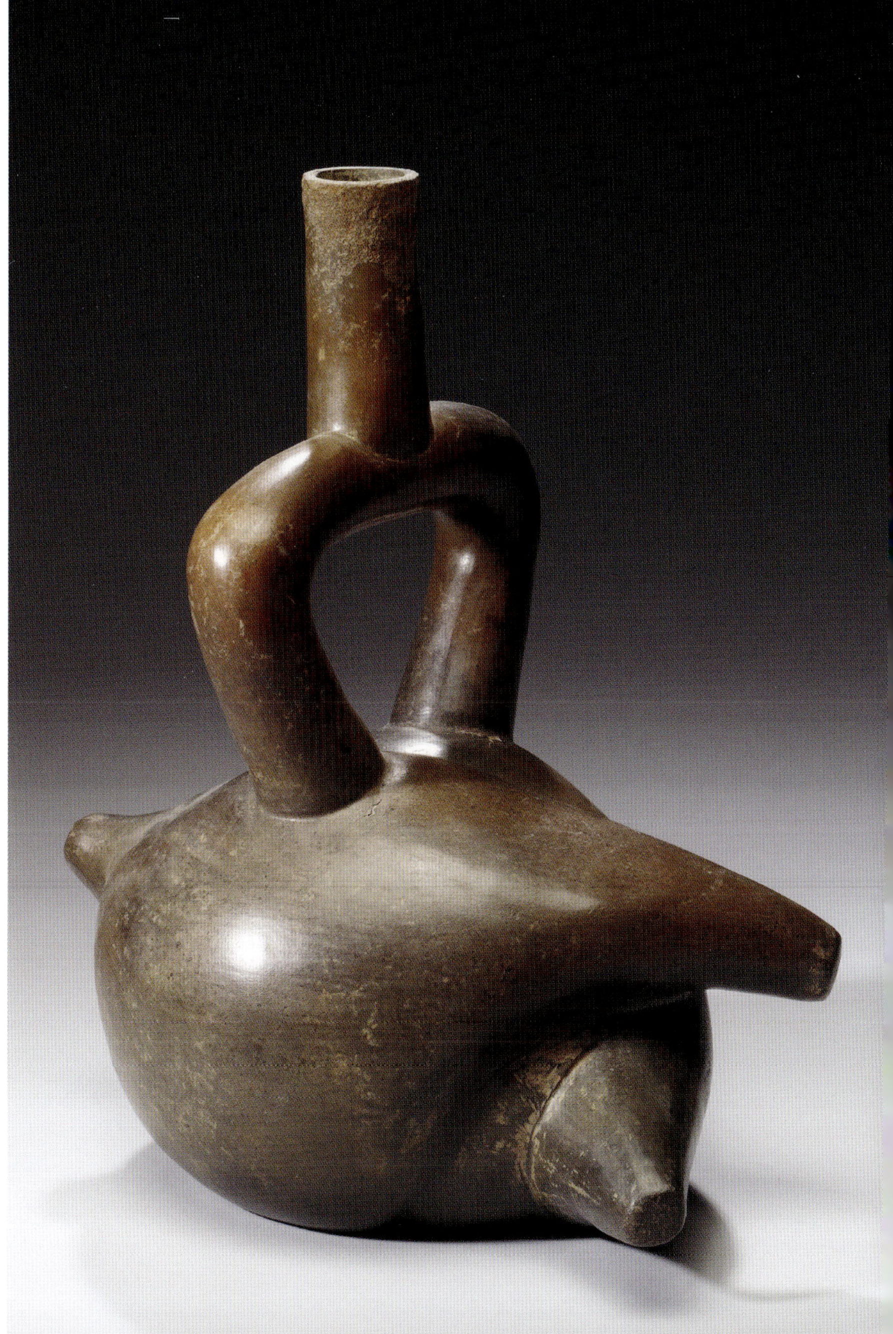

Yuca Root Effigy Bottle,
Cupisnique, Peru, 1200–
500 BCE, burnished earthenware,
10 ¹³⁄₁₆ × 5 ¹³⁄₁₆ × 9 in. Gift of
John G. Bourne, 2013, acc.
no. 2009.20.101

Botella efigie de raíz de yuca,
cultura cupisnique, Perú, 1200–
500 a.C., cerámica bruñida,
27.5 × 14.7 × 22.8 cm. Donación
de John Bourne, 2013, num. de
registro 2009.20.101

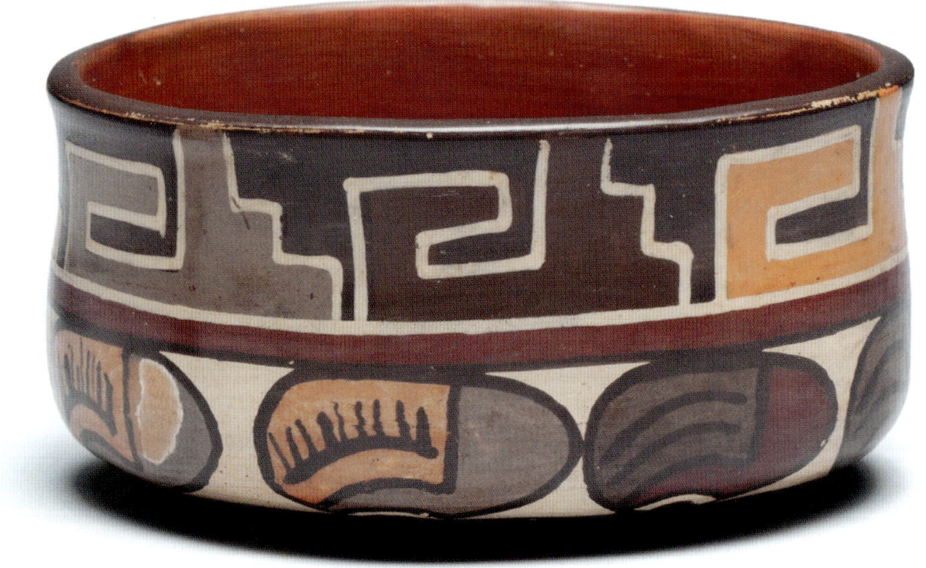

Fig. 7

Dish with Bean Imagery,
Nasca, Peru, 200–300,
earthenware, burnished slip
paint, 1 ¾ × 3 ¹³⁄₁₆ in. Gift of
John G. Bourne, 2013, acc.
no. 2009.20.110

**Plato con imágenes de
frijoles**, cultura nazca,
Perú, 200–300, cerámica,
pintura con engobe bruñido,
4.5 × 9.7 cm. Donación de
John G. Bourne, 2013, num. de
registro 2009.20.110

As ancient people developed sophisticated agricultural technologies, they diversified the plants they cultivated. Crops such as the jack bean, lima bean, and kidney bean became a main part of the ancient diet. A Nasca dish with bean imagery (fig. 7) accentuates the three varieties of legumes in bold red, yellow, and gray color blocks with crisp black outlines. Ancient Andeans grew these beans using underground canals to reduce water loss in their dry environment, which was of particular concern to the Nasca people of Peru's coastal desert. While this strategy was functional in use, it was also steeped in mythologies, ceremonies, and customs. Ceramics such as these are usually found in tombs of important individuals. Their interment below ground tells us that these plants were not only a source of food but also symbolic of the transitional stage between the mortal world and the afterlife. More broadly, they represent the agricultural plenty that the deceased would have needed for sustenance in the afterlife.

Today, people in the Americas grow corn, beans, and squash together for their symbiotic

Cachan huacachi papa: papa que hace llorar a la nuera (en referencia a una papa con muchos bultos y difícil de pelar)

A medida que los pueblos antiguos desarrollaron una tecnología agrícola más sofisticada, diversificaron las plantas que se sembraron. Cultivos como las canavalias, habas de Lima y los frijoles rojos se convirtieron en parte principal de su dieta. Un plato de la cultura nasca con imágenes de frijoles (fig. 7) destaca las tres variedades de legumbres en atrevidos bloques de color rojo, amarillo y gris con nítidos contornos negros. (En este tomo, usamos el término "frijol" y otra terminología del español mexicano y centroamericano, tomando en cuenta que mucha de la población Latina de Baltimore y sus alrededores viene de esta región.) Los pueblos andinos del pasado cultivaban estos granos con la ayuda de canales subterráneos que reducían la pérdida de agua en el ambiente seco donde vivían, motivo de especial preocupación para el pueblo nasca del desierto costero de Perú. Aunque esta estrategia era de carácter funcional, también estaba

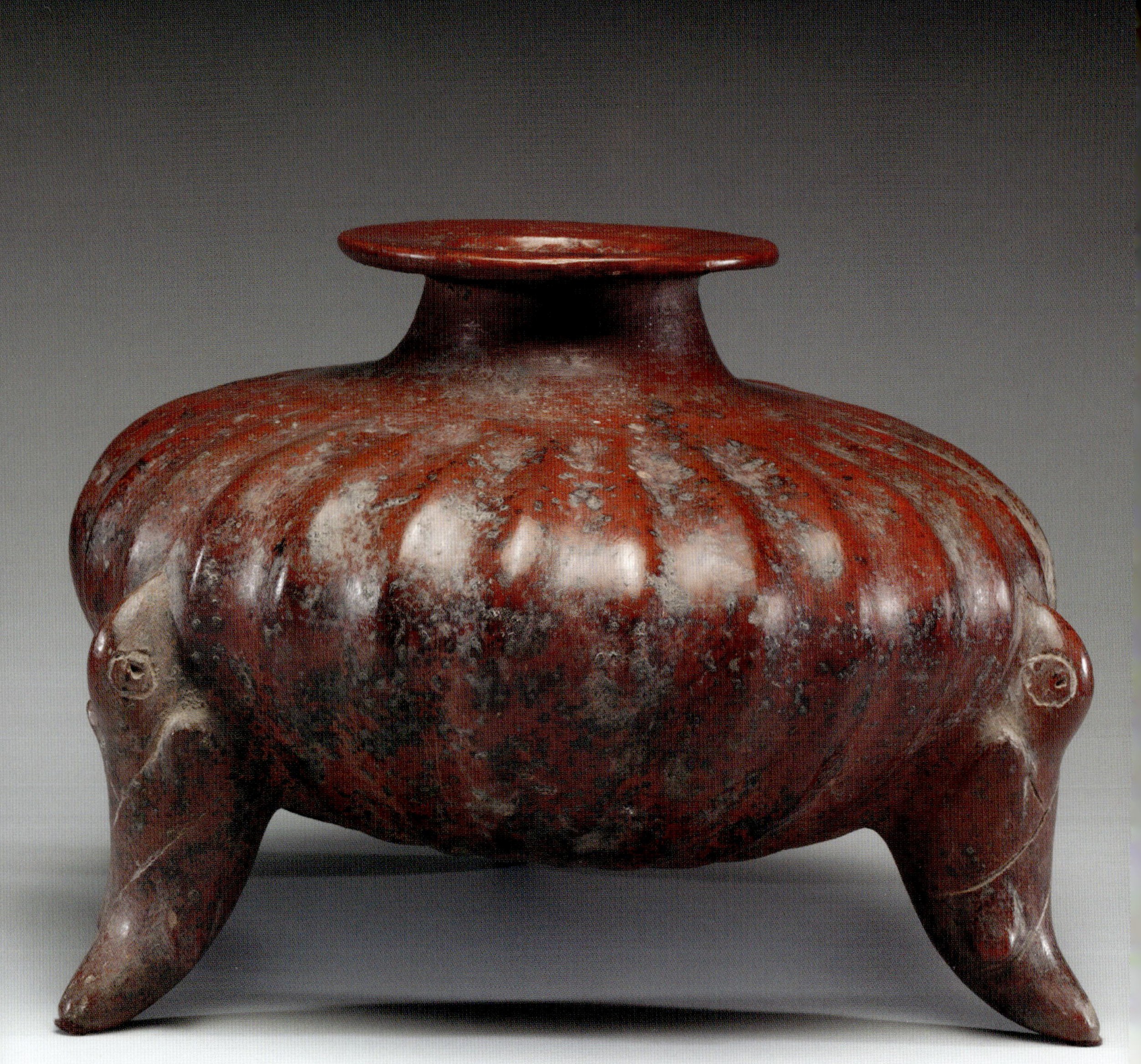

relationship with one another. This combination, known as the "three sisters," reaches back to antiquity and is extremely practical: the nutrients that one crop removes from the soil are replenished by the other plants. Squashes also provide ground cover that discourages weeds from growing. With its ability to adapt to many climatic conditions, squash is an ideal crop in today's Mexico and Central America. Burnished, shiny surfaces on ceramics imitate the waxy coating of ripe fruits ready to eat (fig. 8). These realistic sculptural representations indicate the artists' intimate knowledge of plants and their focus on life-sustaining produce. Many of these ceramic depictions of vegetables were also containers, or effigy vessels, allowing the

Fig. 8

Jar with Parrot-Shaped Supports, Colima, Mexico, 200 BCE–300 CE, earthenware, burnished slip paint, 9 ¹⁵⁄₁₆ × 14 ⅛ × 13 ¹⁵⁄₁₆ in. Gift of John G. Bourne, 2014, acc. no. 2009.20.213

Jarra con soportes en forma de loro, Colima, México, 200 a.C. –300 d.C., cerámica, pintura con engobe bruñido, 25.2 × 35.8 × 35.4 cm. Donación de John Bourne, 2014, num. de registro 2009.20.213

impregnada de mitologías, ceremonias y costumbres. Este tipo de cerámica suele encontrarse en las tumbas de personas importantes. El hecho de que las enterraran con su muertos revela que estas plantas no solo eran una fuente de alimento, sino que también simbolizaban la etapa de transición entre el mundo de los mortales y el más allá. En términos más generales, representan la abundancia agrícola que el difunto necesitará para su sustento en la otra vida.

Los pueblos de hoy en las Américas cultivan juntos el maíz, los frijoles y la calabaza por la interacción simbiótica que mantienen entre sí. Esta combinación, conocida como las "tres hermanas", se remonta al pasado y es sumamente práctica: los nutrientes que un cultivo extrae del suelo son restituidos por las otras plantas. Las calabazas también proporcionan una cubierta vegetal que impide el crecimiento de maleza. Por su capacidad de adaptación a diversas condiciones climáticas, la calabaza es hoy un cultivo ideal en México y Centroamérica. Las superficies bruñidas y brillantes de la cerámica imitan la capa cerosa de las frutas maduras y listas para

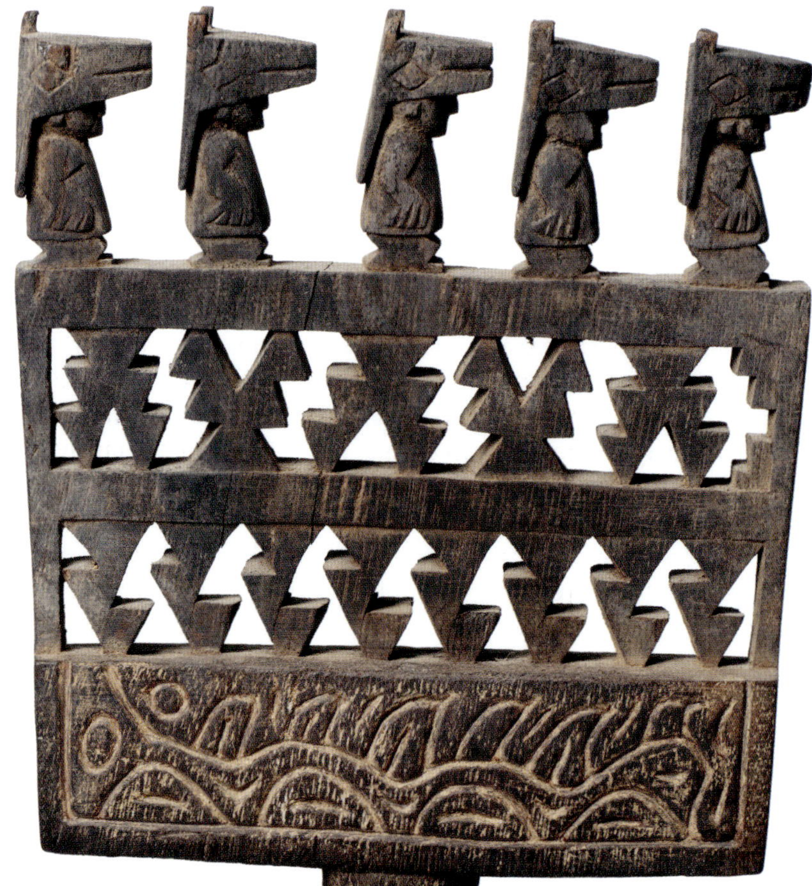

Fig. 9

**Ceremonial Digging Stick
with Carved Warriors**,
Chancay, Peru, 1000–1450,
wood, 48 ½ × 6 ⅛ × 1 ¼ in.
Anonymous gift, 2009,
acc. no. 61.356

**Palo ceremonial para
cavar con guerreros
tallados**, cultura chancay,
Perú, 1000–1450, madera,
123.2 × 15.6 × 3.2 cm. Donación
anónima, 2009, num. de
registro 61.356

owners to keep precious liquid resources within them (water and food being the two substances necessary for life).

The inclusion of effigy vessels in burial rituals was only a part of the intricate ceremonies that centered around objects made from the natural environment. Wooden objects such as a ceremonial digging stick with carved warriors (fig. 9) from the Chancay culture were probably large-scale representations of agricultural implements used for preparing the soil for planting. This digging stick would have originally had a paddle-shaped oar at the bottom that could be thrust into soil containing small rocks. The impressively tall object was carved from a single piece of *algarrobo* wood (Peruvian carob), a tree known for its pods and seeds that are used medicinally for digestive problems. Also in Andean cultures, commoners used wooden drinking vessels called *keros* (fig. 10) to honor deceased family members during feasts. They frequently offered toasts to the ancestors from *keros* filled with a fermented drink called *chicha*, or corn beer. This ritual libation was traditionally

comer (fig. 8). Estas representaciones escultóricas realistas ponen de manifiesto el profundo conocimiento que los artistas tenían de las plantas y su interés por los productos que sustentan la vida. Muchas de estas representaciones de vegetales hechas en cerámica eran también recipientes, o vasijas efigie, que permitían a sus propietarios guardar en su interior preciados recursos líquidos (el agua y los alimentos son los dos elementos necesarios para subsistir).

La inclusión de vasijas efigie en los rituales funerarios era sólo una parte de las intrincadas ceremonias que giraban en torno a objetos fabricados a partir de la naturaleza. Objetos de madera, como un palo ceremonial para cavar con guerreros tallados (fig. 9) de la cultura chancay, eran probablemente representaciones a gran escala de instrumentos agrícolas que se usaban para preparar la siembra. Este palo tenía originalmente un remo en forma de paleta en la parte inferior, el que podía clavarse en un suelo que tuviera pequeñas rocas. El objeto, de una altura considerable, se talló en una sola pieza de madera de algarrobo, un árbol conocido por sus

made by chewing and spitting kernels of corn into a ceramic vessel where it would ferment with spices into a mildly alcoholic beverage.

Mesoamericans preferred to drink a frothy, bitter chocolate beverage that was often sweetened with honey and spiced with chili peppers. *Kakawa* (cacao), better known today by its Nahuatl name, *xocolatl* (chocolate), was served by the Maya people in elaborate ceramic vessels that reinforced the theme of chocolate through decorative elements. One example has cacao pods sculpted on the body and lid, and a handle in the shape of a cacao tree upon which a bird, probably a quetzal, sits (fig. 11). To make this beverage, the Maya harvested pods from the cacao tree. The pods gently fermented, and their seeds were then dried, roasted, and ground into a paste that was later combined with water, cornmeal, and spices. The mixture was poured back and forth between containers to create a foam-topped drink that was at times an offering for the gods. One such deity was the Maize God, who is incised on the surface of this piece and personified as the Chocolate God. Covered

vainas y semillas que se usan con fines medicinales para problemas digestivos. En las culturas andinas, el pueblo también usaba recipientes de madera para beber llamados *keros* (fig. 10) y así honrar a los familiares fallecidos durante las celebraciones. Frecuentemente se brindaba por los antepasados con *keros* llenos de una bebida fermentada llamada *chicha* o cerveza de maíz. Esta libación ritual se llevaba a cabo tradicionalmente masticando y escupiendo granos de maíz en una vasija de cerámica donde se fermentaba con especias hasta convertirse en una bebida ligeramente alcohólica.

Los mesoamericanos preferían beber una bebida de chocolate espumoso y amargo, a menudo endulzada con miel y condimentada con chile. Los mayas servían el *kakawa* (cacao), más conocido hoy por su nombre náhuatl, *xocolatl* (chocolate), en elaboradas vasijas de cerámica que enfatizaron el tema del chocolate a través de sus elementos decorativos. Un ejemplo tiene vainas de cacao esculpidas en el cuerpo y la tapa, y un asa en forma de árbol de cacao sobre la que se posa un pájaro, probablemente

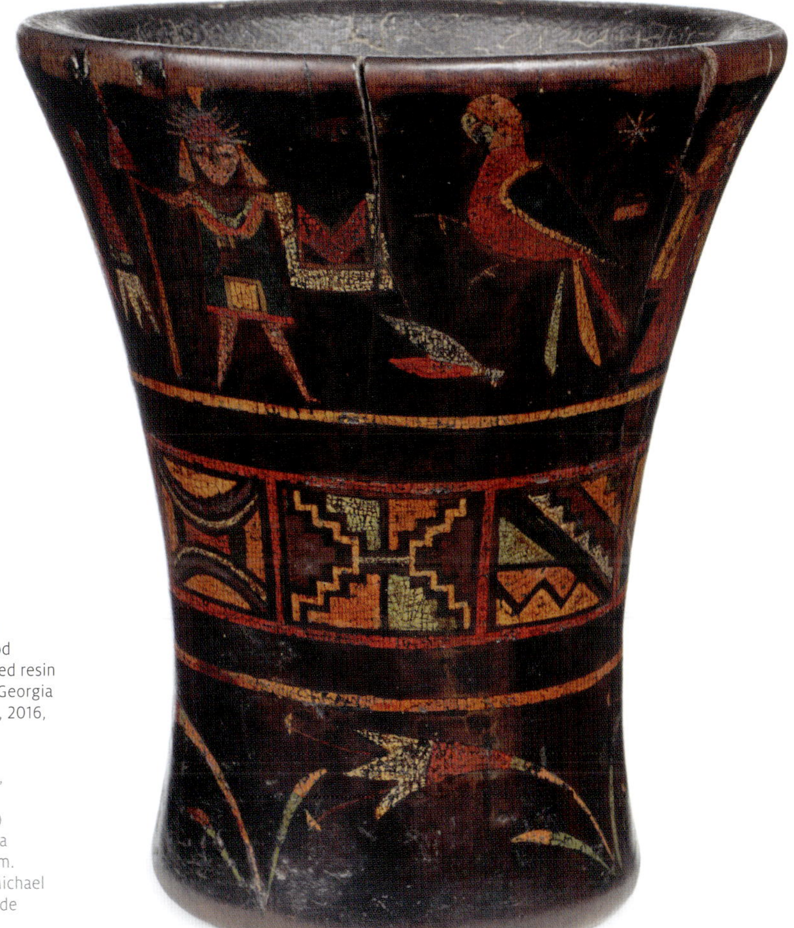

Fig. 10

***Kero* (Drinking Vessel)**,
Inca, Peru, ca. 1600, wood
(Escallonia) and pigmented resin
inlay, 7 × 6 ³⁄₁₆ in. Gift of Georgia
and Michael de Havenon, 2016,
acc. no. 2011.20.18

***Kero* (vaso para beber)**,
cultura inca, Perú, hacia
1600, madera (escalonia)
e incrustaciones de resina
pigmentada, 17.8 × 15.7 cm.
Donación de Georgia y Michael
de Havenon, 2016, num. de
registro 2011.20.18

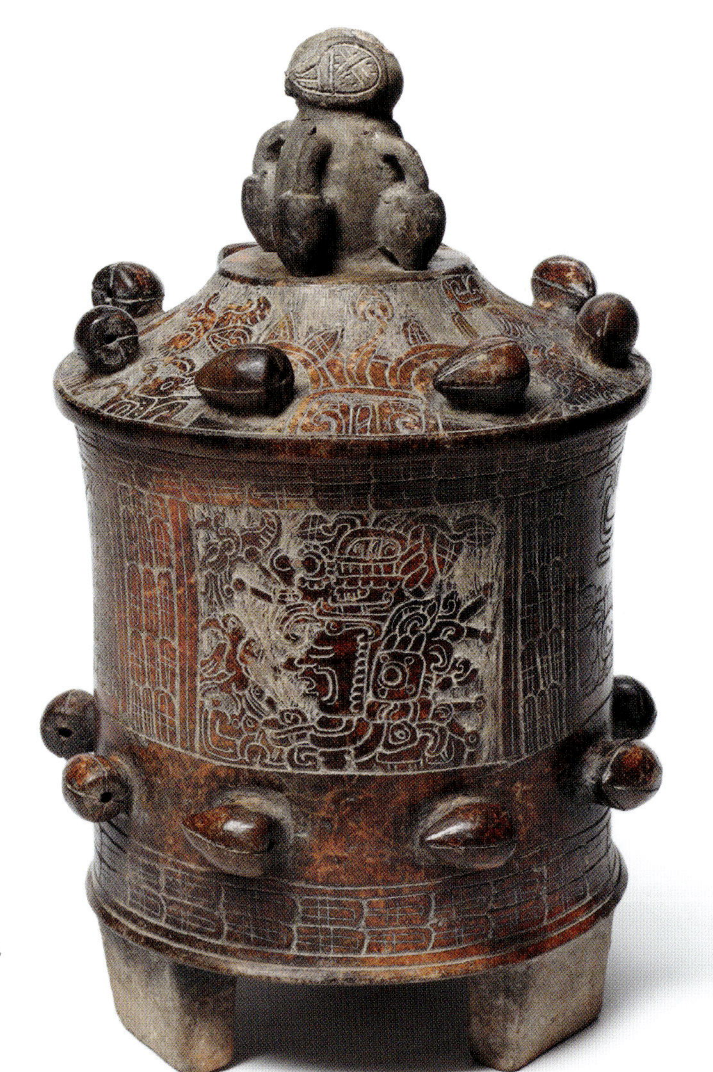

Fig. 11

Lidded Vessel, Maya, Guatemala, 250–550, earthenware, slip with incising, 13 ¹¹⁄₁₆ × 9 in. Gift of John Bourne, 2009, acc. no. 2009.20.39

Vaso con tapa, cultura maya, Guatemala, 250–550, cerámica, engobe con incisiones, 34.8 × 22.9 cm. Donación de John Bourne, 2009, num. de registro 2009.20.39

in jade jewelry, surrounded by tropical quetzal birds, he sprouts cacao pods from his headdress.

Beyond feeding the gods, ancient Americans called upon botanicals to communicate between realms. The use of mind-altering substances derived from plants has been documented in Latin America as early as 2000 BCE. One popular method for consuming hallucinogenic substances was to grind psychoactive plants into a fine powder to ingest as snuff. This practice is evidenced in objects such as a snuff tray (fig. 12) from the Jama-Coaque culture of Ecuador that would have been used to serve the psychoactive powder to ritual participants. Composite creatures, such as this standing jaguar-human, were believed to be individuals who have used hallucinogenic substances to transform into animal form for ritual purposes.

The Nasca people of Peru's north coast frequently depicted human heads in conjunction with mythical beings (fig. 13). The human head was used as a metaphor for a seed from which sprang new life in the form of young plants. Trophy heads were considered sacred

un quetzal (fig. 11). Para preparar esta bebida, los mayas recolectaban vainas del árbol del cacao. Las vainas se fermentaban ligeramente y se secaban sus semillas; estas se tostaban y se molían hasta formar una pasta que luego se combinaba con agua, harina de maíz y especias. La mezcla se vertía de un recipiente a otro para crear un brebaje espumoso que a veces servía de ofrenda para los dioses. Una de estas deidades era el Dios del Maíz, quien aparece grabado en la superficie de esta pieza personificado como el Dios del Chocolate. Se aprecia cubierto de joyas de jade y rodeado de pájaros quetzales tropicales; de su tocado brotan vainas de cacao.

Además de usarlas para alimentar a los dioses, los antiguos americanos recurrían a las plantas para que hubiera comunicación entre reinos de la naturaleza. En América Latina está documentado el uso de sustancias psicoactivas derivadas de las plantas desde el año 2000 a. C. Un método popular para consumir sustancias alucinógenas consistía en moler las plantas psicoactivas hasta convertirlas en un polvo fino que se ingería como rapé. Esta

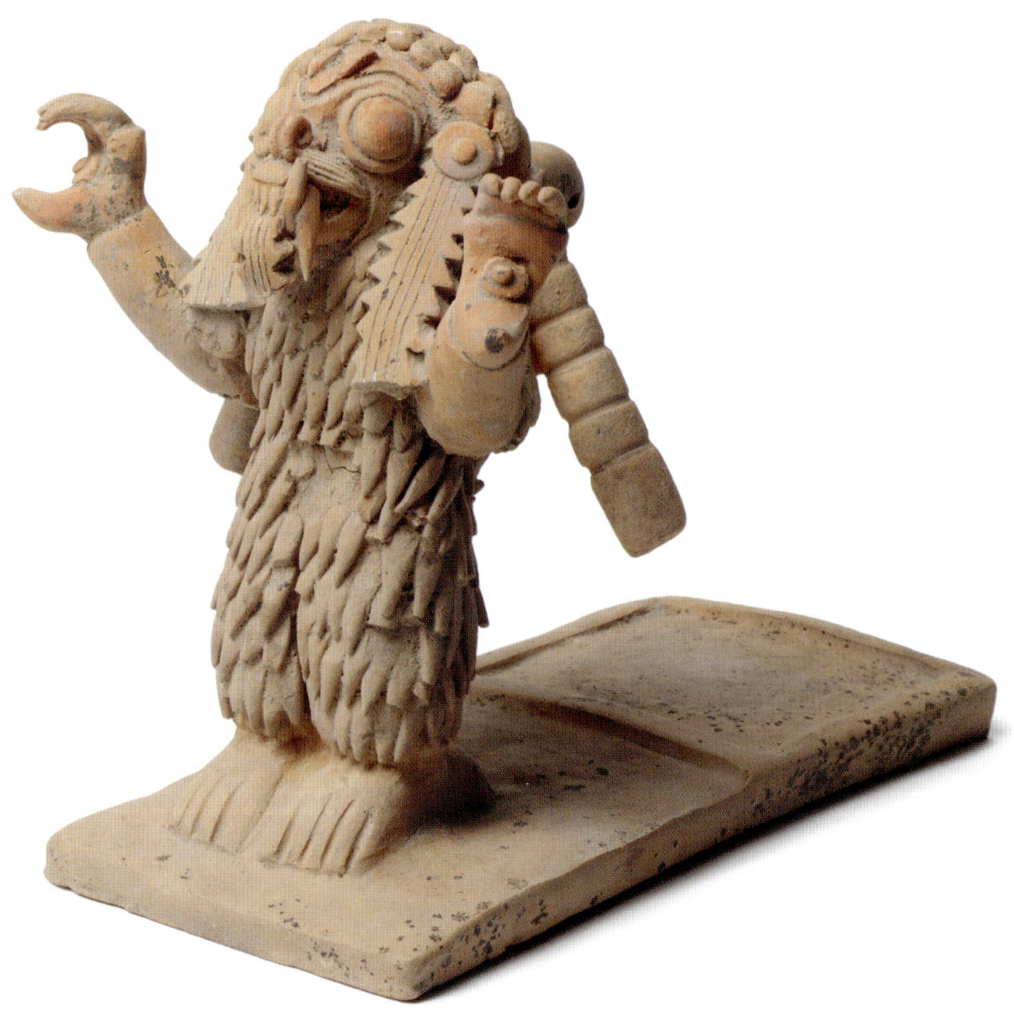

offerings to the spiritual forces of nature and an integral part of the ideology of death and renewal. Many Andean groups, especially the Nasca, adopted the practice of capturing the heads of those defeated in warfare. With this act, they seized symbolic "seeds" of power from their enemies, denying their rival the possibility of using them for their own regeneration.

Plants were clearly central to art and ritual in ancient Latin America. These works illustrate botanicals that feed living people, and, through representations, nourish their souls in the afterlife. Many of these objects were implements of ritual and daily use, shaped from the wood of the plants themselves; others contained and distributed hallucinogens, demonstrating the

práctica aparece representada en objetos como una bandeja para rapé (fig. 12) de la cultura jama-coaque del Ecuador que podría haber sido utilizada para servir el polvo psicoactivo a las personas que participaban en los rituales. Se creía que las "criaturas compuestas", como este jaguar-humano de pie, eran seres que habían utilizado sustancias alucinógenas para adoptar la forma de un animal con fines rituales.

El pueblo nasca de la costa norte de Perú solía representar cabezas humanas junto a seres mitológicos (fig. 13). La cabeza humana se usaba como metáfora de una semilla de la que brotaba nueva vida en forma de plantas jóvenes. Las cabezas trofeo se consideraban ofrendas sagradas a las fuerzas espirituales de la naturaleza y una parte integral de la mitología en torno de la muerte y la renovación. Muchos grupos andinos, especialmente el pueblo nasca, adoptaron la práctica de tomar la cabeza de aquellos que eran derrotados en la guerra. Con este acto se apoderaban de las "semillas" simbólicas de poder de sus enemigos para impedir que fueran usadas para su propia regeneración.

Fig. 12

Snuff Tray, Jama-Coaque, Ecuador, 300 BCE–600 CE, earthenware, 6 ⅛ × 4 ½ × 7 ⅜ in. Gift of John G. Bourne, 2013, acc. no. 2009.20.126

Bandeja para rapé, cultura jama-coaque, Ecuador, 300 a.C.–600 d.C., cerámica, 15.6 × 11.4 × 18.8 cm. Donación de John Bourne, 2013, núm. de registro 2009.20.126

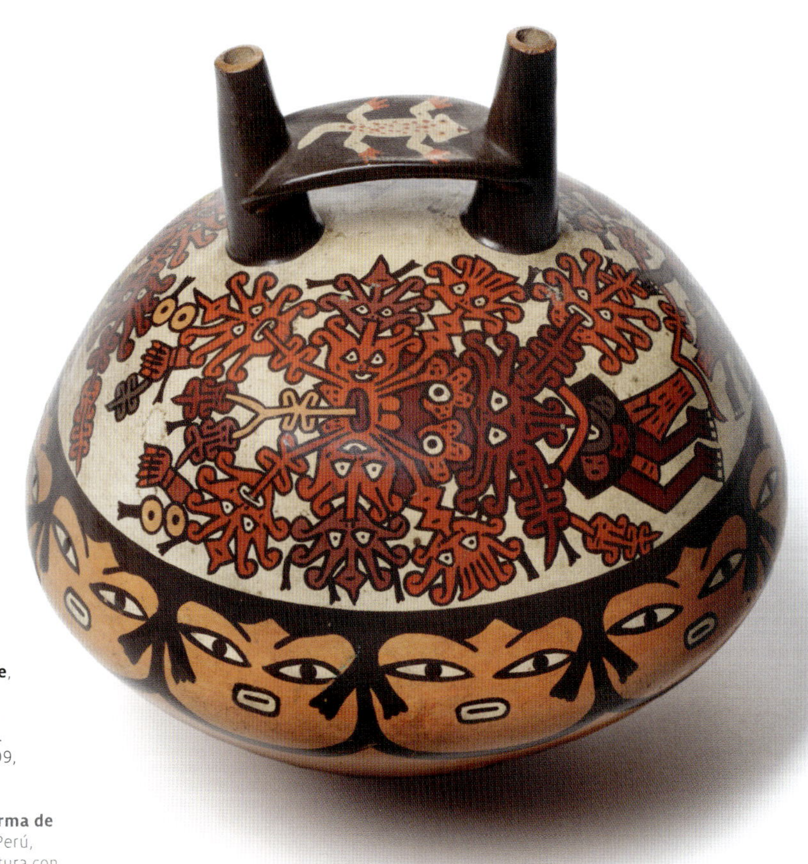

Fig. 13

Stirrup-Spouted Bottle,
Nasca, Peru, 450–650,
earthenware, burnished
slip paint, 6 ¹¹⁄₁₆ × 6 ⅝ in.
Gift of John Bourne, 2009,
acc. no. 2009.20.28

**Botella con pico en forma de
estribo**, cultura nazca, Perú,
450–650, cerámica, pintura con
engobe bruñido, 17 × 16.8 cm.
Donación de John Bourne, 2009,
num. de registro 2009.20.28

effects on those who used them. Nonetheless, their central theme is the interconnectedness of life in which humans, supernaturals, and plants coexist in a symbiotic relationship that contributes to the natural cycle of life.

Con certeza podemos afirmar que las plantas ocuparon un lugar central en el arte y los rituales de las Américas. Estas obras ilustran las plantas que alimentan a los vivos, así como también las representaciones que nutren sus almas en el más allá. Muchos de estos objetos eran utensilios de uso ritual o cotidiano tallados en la madera de las propias plantas; otros servían para contener y distribuir sustancias alucinógenas y para mostrar los efectos sobre quienes los consumían. No obstante, su tema central es la interconexión de la vida en la que humanos, seres sobrenaturales y plantas coexisten en una interacción simbiótica que contribuye al ciclo natural de la vida.

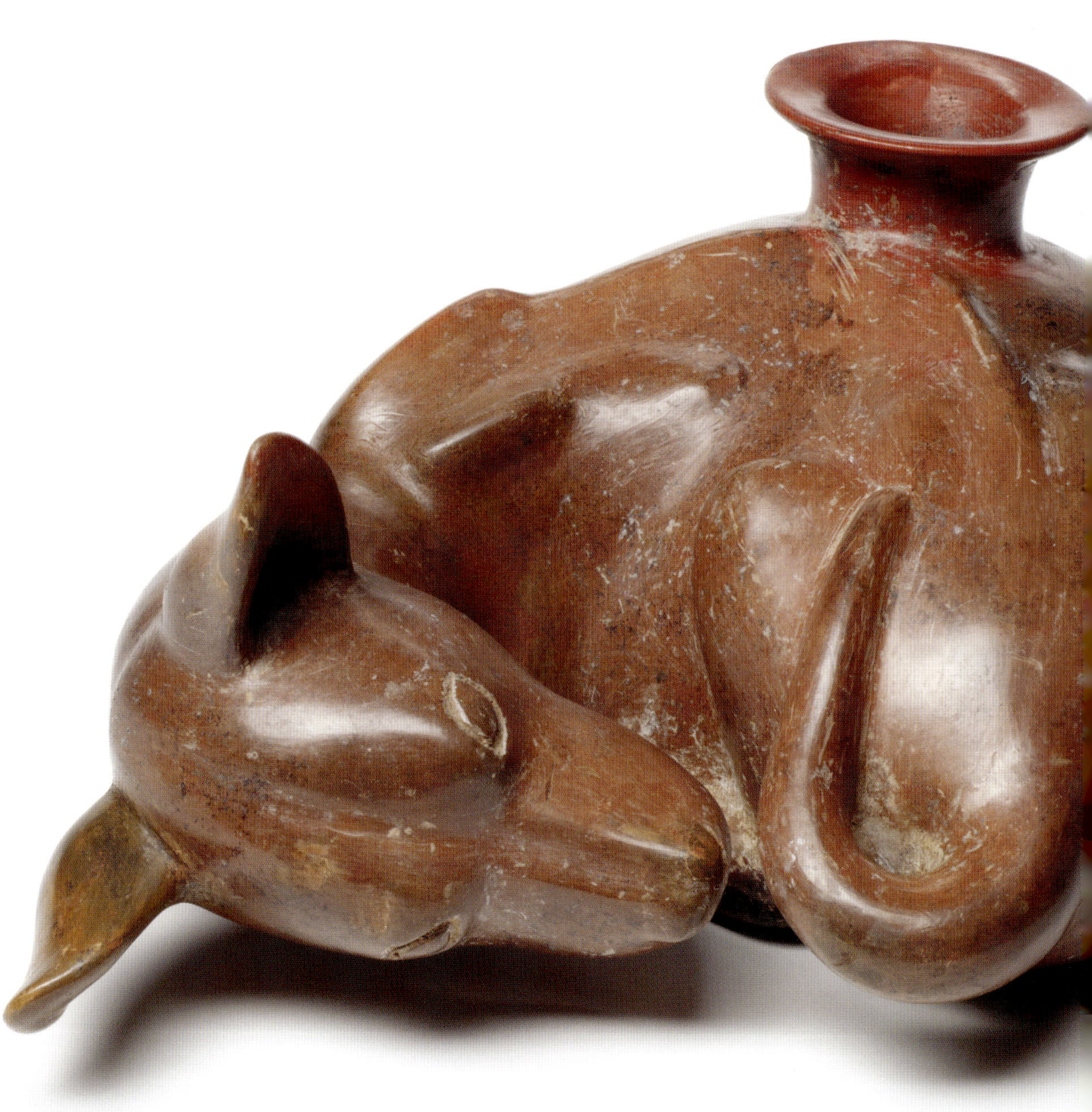

ADMIRABLE ANIMALS

ANIMALES ADMIRABLES

The story goes like this.

In ancient times, this world wanted to come to an end.

A llama buck, aware that the ocean was about to overflow, was behaving like somebody who's deep in sadness. Even though its owner let it rest in a patch of excellent pasture, it cried and said, "In, in," and wouldn't eat.

The llama's owner got really angry . . .

"Eat, dog! This is some fine grass I'm letting you rest in!" he said.

Then that llama began speaking like a human being.

"You simpleton, whatever could you be thinking about? Soon, in five days, the ocean will overflow. It's a certainty. And the whole world will come to an end," it

La historia es la siguiente.

En tiempos antiguos, este mundo estuvo en peligro de desaparecer.

Una llama macho, sabiendo que el océano estaba a punto de desbordarse, se comportaba como si estuviera sumida en la tristeza. A pesar de que su dueño la llevó a descansar a una zona de excelentes pasturas, lloraba y decía: "adentro, adentro", y no quería comer.

El dueño de la llama se enojó mucho...

"¡Come, perro! ¡Esta hierba donde te traje a pastar es muy buena!", dijo.

Entonces la llama comenzó a hablar como una persona.

"Simplón, ¿en qué estarás pensando? Pronto, en cinco días, el océano se desbordará. Es una certeza. Y el mundo entero se acabará",

said. . . . "Let's go to Villca Coto mountain. There we'll be saved."

So the man went out from there in a great hurry, and himself carried both the llama buck and its load . . .

[The llama's spoken order saved the man.] Afterward, that man began to multiply once more. That's the reason there are people until today.

—From the Huarochirí Manuscript (ca. 1600 CE), chapter 3, in *The Huarochirí Manuscript: A Testament of Ancient and Colonial Andean Religion*, trans. and ed. Frank Salomon and George L. Urioste, pp. 50–51. Copyright © 1991. By permission of the University of Texas Press.

dijo…"Vamos a la montaña de Villca Coto. Allí estaremos a salvo".

Así que el hombre salió de allí a toda prisa y cargó él mismo tanto a la llama como su carga…

(La orden en voz alta que dio la llama salvó al hombre.) Después, aquel hombre empezó a multiplicarse de nuevo. Esa es la razón de que sigue habiendo personas en la actualidad.

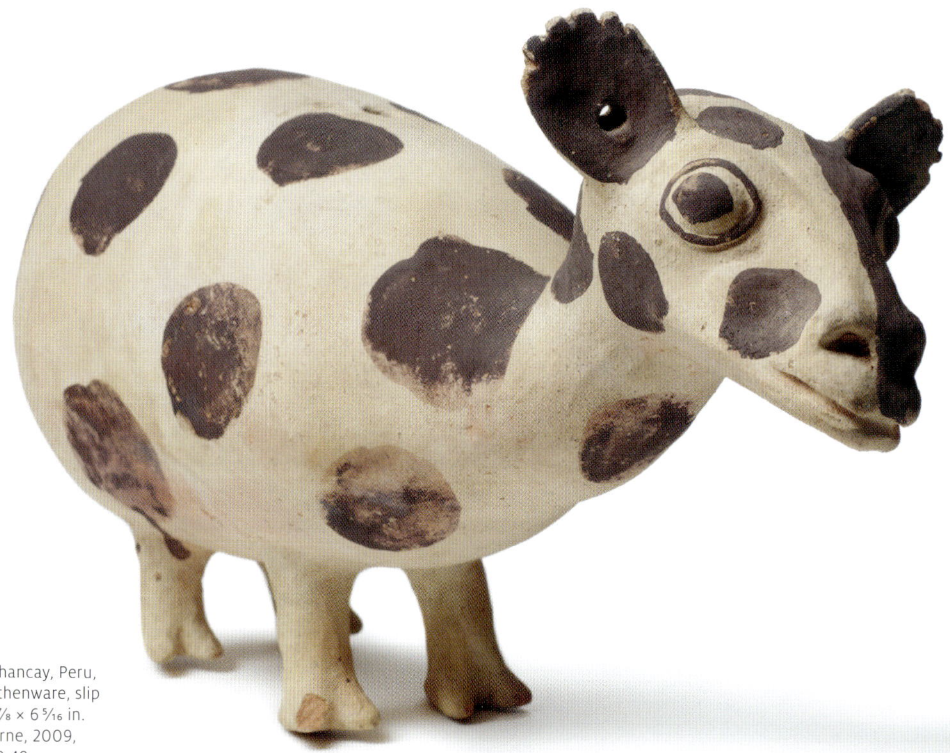

Fig. 14

Llama Effigy, Chancay, Peru, 1000–1470, earthenware, slip paint, 8 ⁵⁄₁₆ × 15 ⁷⁄₈ × 6 ⁵⁄₁₆ in. Gift of John Bourne, 2009, acc. no. 2009.20.49

Efigie de llama, cultura chancay, Perú, 1000–1470, cerámica, pintura con engobe, 21.1 × 40.4 × 16 cm. Donación de John Bourne, 2009, num. de registro 2009.20.49

As the French anthropologist Claude Lévi-Strauss once said, animals are "good to think with"; that is, they are often the anchor for myths, proverbs, riddles, and other ways of making sense of the world. In the Huarochirí Manuscript, written in the Andes in Quechua around 1600 CE, animals speak cogently to humans and help guide their destinies on Earth and in the underworld. Animals were the protagonists of myth and lore of the ancient Americas. They are villains, heroes, and indispensable helpers throughout the Huarochirí Manuscript, the Maya *Popol Vuh*, and many other foundational stories. Some of the ancient Latin American artworks at the Walters allude to complex cosmologies and myths, while others may be more straightforward portrayals of animals that are by turns playful, dangerous, delicious, or in transformation.

The story of the llama illustrates the importance of these animals in Andean mythology. Llamas and alpacas are precious for their fine wool, which Andeans have used to make elaborate textiles. The Chancay people of Peru's central

Como dijo en una ocasión el antropólogo francés Claude Lévi-Strauss, es bueno pensar con los animales; es decir, a menudo son el ancla de mitos, proverbios, adivinanzas y otras formas de dar sentido al mundo. En el Manuscrito de Huarochirí, escrito en quechua hacia 1600 d. C., los animales hablan a los humanos de forma convincente y los ayudan a guiar sus destinos en la Tierra y en el inframundo. Antiguamente, en el continente americano los animales eran los protagonistas de los mitos y las tradiciones. Aparecen como villanos, héroes o ayudantes indispensables en el *Manuscrito de Huarochirí*, el *Popol Vuh* maya y en muchas otras historias fundacionales. Algunas de las obras antiguas de arte Latinoamericano que se exponen en el Museo Walters aluden a cosmologías y a mitos complejos, mientras que otras son representaciones más sencillas de animales juguetones, peligrosos, exquisitos o en proceso de transformación.

La historia anterior de la llama es un ejemplo de la importancia de estos animales en la mitología andina. Las llamas y las alpacas son

coast buried actual llamas and their ceramic representations in tombs (fig. 14), presumably to assist their ancestors in the afterlife. The later Inca people sacrificed large numbers of llamas as a way of celebrating new alliances and conquests. The Inca also made llama figurines out of silver and metal alloys (fig. 15) to be placed alongside figurines of humans. These figurines have mostly been found at high-altitude shrines associated with the burials of children. Like their human statuette counterparts, the miniature llamas were dressed in elaborate textiles. Mummified llamas have also been discovered in Inca offerings wearing elaborately colored ribbons and bird feathers. In their lifetime, llamas were companions to people, moving loads of products across the treacherous mountain ranges. Once they could no longer serve their purpose as pack animals, their lean meat was dried and made into jerky (a word originating from *ch'arki* in Quechua) so that it could be easily taken as nourishment on long, arduous journeys.

For those living on the coast, the rich maritime resources of the Pacific Ocean, such

muy apreciadas por su fina lana, que los andinos han usado para confeccionar elaborados tejidos. El pueblo Chancay de la costa central del Perú enterraba llamas reales y sus representaciones en cerámica en las tumbas (fig. 14); se cree que para ayudar a sus antepasados en la otra vida. Los incas sacrificaban grandes cantidades de llamas para celebrar nuevas alianzas y conquistas. Los incas también fabricaban estatuillas en forma de llama en plata y aleaciones de metales (fig. 15) para colocarlas junto a estatuillas de seres humanos. Estas se han encontrado principalmente en santuarios ubicados a gran altitud y vinculados con entierros de niños. Igual que las estatuillas de figuras humanas, las llamas en miniatura iban ataviadas con tejidos elaborados. También se han descubierto llamas momificadas adornadas con cintas de colores y plumas de ave. En vida, las llamas eran las compañeras de las personas, trasladaban cargas de productos a través de la escarpada cordillera. Cuando ya no podían servir como animales de carga, su carne magra se secaba y se convertía en *charqui* (palabra que proviene del término *ch'arki* en quechua)

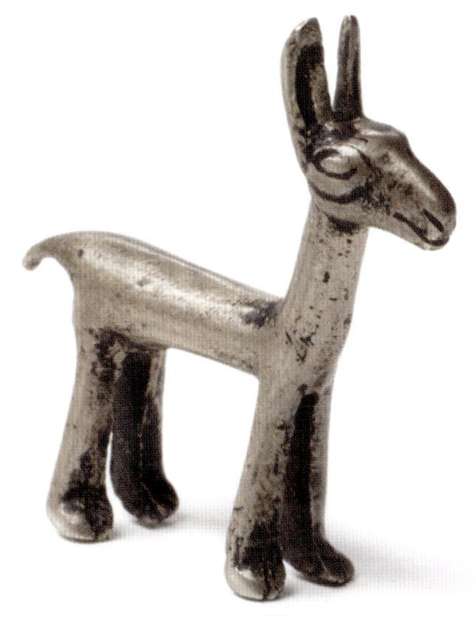

Llama Effigy, Inca, Peru, 1400–1534, cast silver alloy, ⅞ × 1 ⁵⁄₁₆ × ⁵⁄₁₆ in. Bequest of John G. Bourne, 2017, acc. no. 2009.20.245

Efigie de llama, cultura inca, Perú, 1400–1534, aleación de plata fundida, 2.3 × 3.3 × 0.8 cm. Legado de John Bourne, 2017, num. de registro 2009.20.245

para que pudiera consumirse fácilmente como alimento durante los largos y agotadores viajes.

Para quienes vivían en la costa, los ricos recursos marítimos del océano Pacífico, como el pescado y los mariscos (fig. 16), constituyeron una fuente primordial de sustento para los primeros pobladores andinos. Un alfarero del pueblo nasca usó cinco engobes de diferentes colores, o pinturas a base de arcilla, para decorar una encantadora langosta con los ojos bien abiertos. Los ojos y los dientes de aspecto humano dan vida al rostro del estilizado crustáceo, y las líneas pardas que irradian sus labios resaltan el movimiento de la boca, como si la langosta pronunciara palabras sabias a la persona que sostiene la vasija, igual que la llama del *Manuscrito de Huarochirí*.

Un artista moche intentó crear una escultura más naturalista en esta vasija con forma de león marino (fig. 17). Alisó la superficie de la cerámica con una técnica de bruñido que imitaba el pelaje de un león marino recién salido del agua. Los leones marinos se cazaban por su carne y por las piedras que contienen en el estómago,

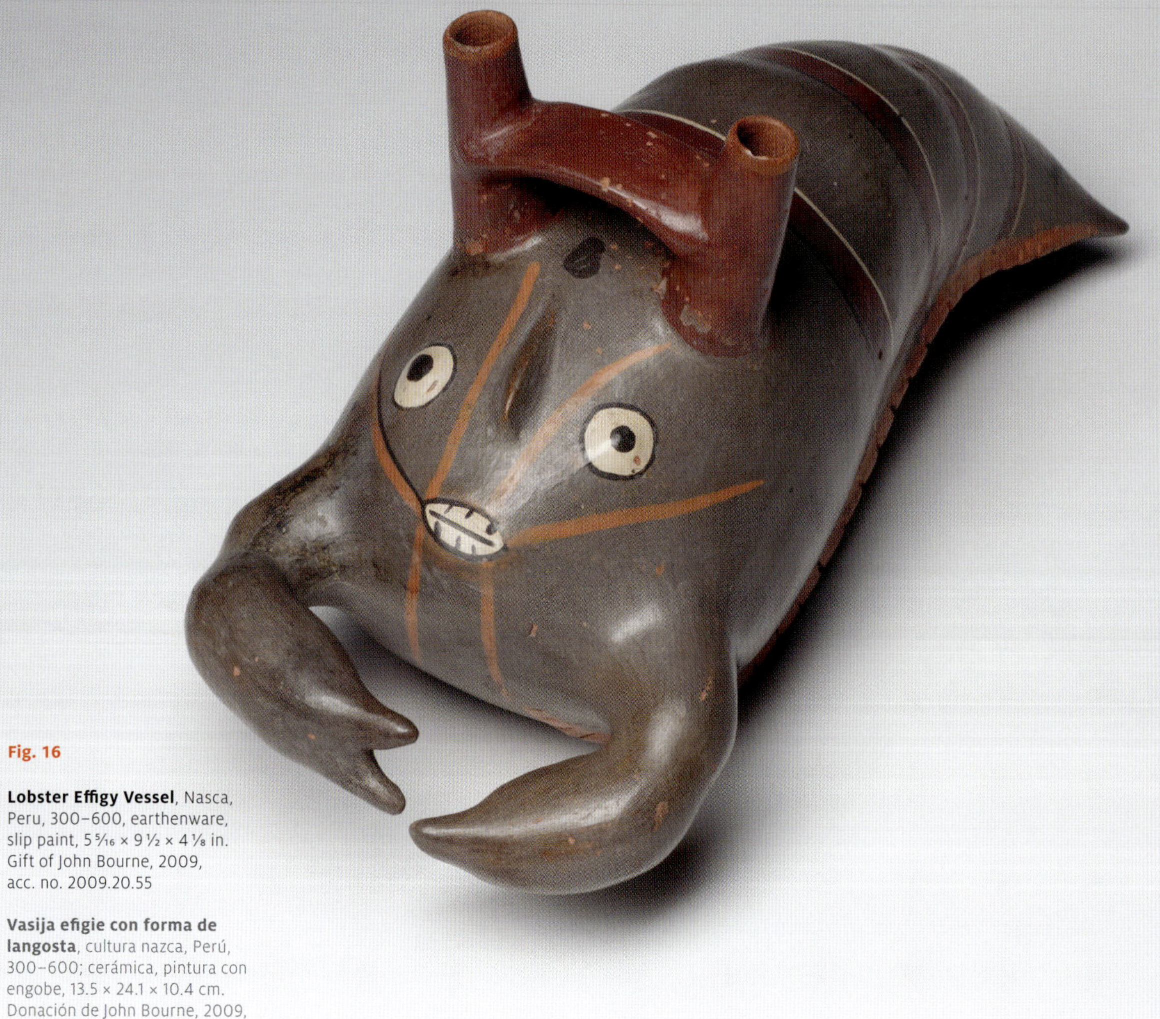

Fig. 16

Lobster Effigy Vessel, Nasca,
Peru, 300–600, earthenware,
slip paint, 5 $\frac{5}{16}$ × 9 $\frac{1}{2}$ × 4 $\frac{1}{8}$ in.
Gift of John Bourne, 2009,
acc. no. 2009.20.55

**Vasija efigie con forma de
langosta**, cultura nazca, Perú,
300–600; cerámica, pintura con
engobe, 13.5 × 24.1 × 10.4 cm.
Donación de John Bourne, 2009,
num. de registro 2009.20.55

as fish and shellfish (fig. 16), were a primary source of sustenance for early Andean people. A Nasca potter used five different colored slips, or clay-based paints, to decorate a charmingly wide-eyed spiny lobster. The humanlike eyes and teeth animate the face of the stylized crustacean, and radiating brown lines from its lips highlight movement in the mouth, as if it is speaking words of wisdom—like the llama in the Huarochirí Manuscript—to the human who is holding the vessel.

A Moche artist sought to create a more naturalistic sculptural form in a vessel shaped like a sea lion (fig. 17), its ceramic surface smoothed with a burnishing technique to appear as if the animal had recently emerged from the water. Sea lions were hunted for their meat as well as for the rocks inside their stomachs that are said to have medicinal properties. *Curanderos* (healers) in Peru today still use these stones to treat heart disease and epilepsy.

All parts of the animal were used after they were hunted for food. A Nasca artist, for example, illustrates how a fisher would float

a las que se atribuyen propiedades medicinales. Hoy en día, los curanderos de Perú siguen usando estas piedras para tratar enfermedades cardíacas y la epilepsia.

Después de cazarlos, aprovechaban todas las partes del animal para el consumo. Un artista del pueblo nasca, por ejemplo, ilustra a un pescador flotando sobre un estómago o vejiga inflada de lobo marino en esta colorida vasija de cerámica (fig. 18a). La figura aparece vestida únicamente con un cinturón y una red sobre un hombro. La reutilización de los órganos internos con forma de globo del león marino permitía a los pescadores invocar la grácil forma de nadar del mamífero marino, que *en espíritu* acompañaría y protegería a los pescadores en sus viajes mar adentro. Esta persona agarra un gran pez con la mano derecha, lo que indica que ha logrado una buena pesca que llevará consigo a la orilla (fig. 18b). Usa un turbante que termina en punta a la altura de la frente, lo que lo ayuda a adentrarse más profundamente en la superficie del agua.

Para capturar peces estos pescadores debían sumergirse profundamente en las aguas del

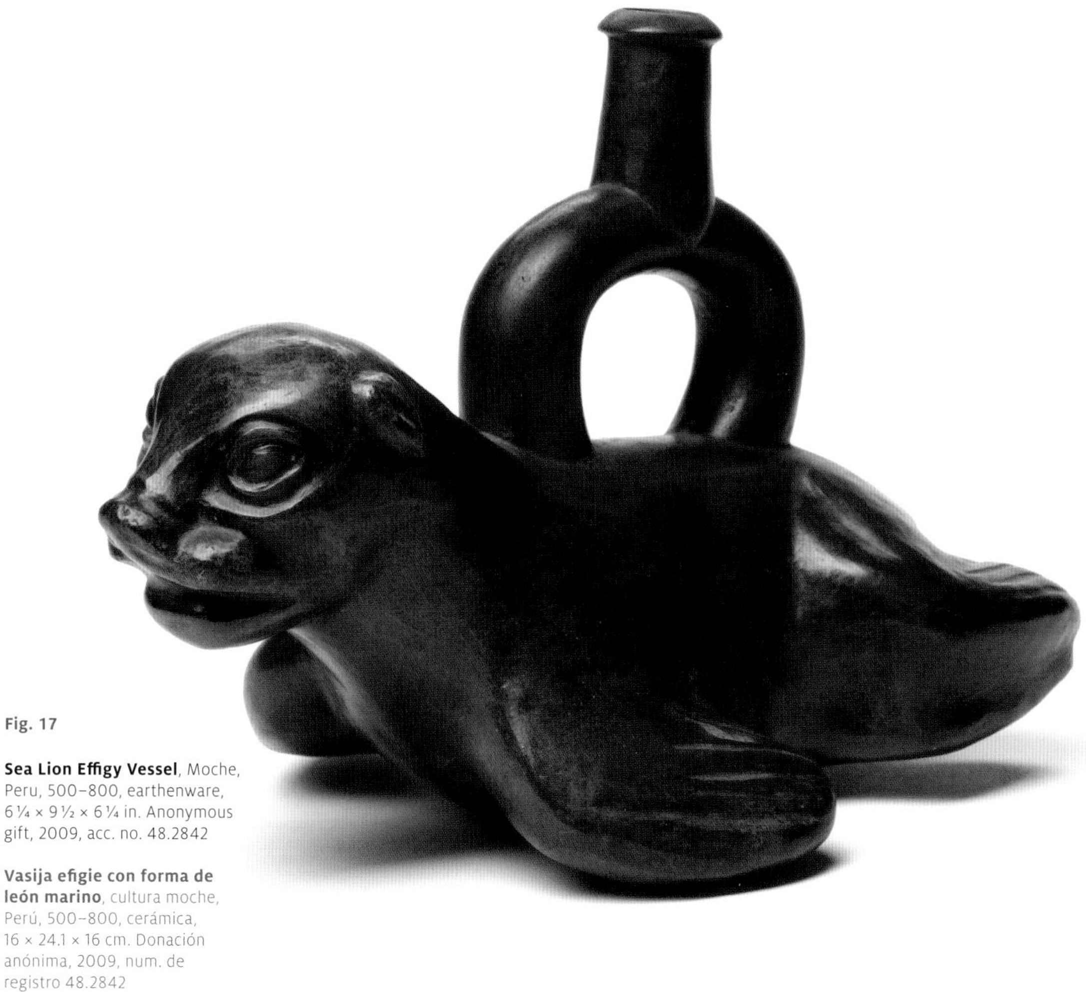

Fig. 17

Sea Lion Effigy Vessel, Moche, Peru, 500–800, earthenware, 6 ¼ × 9 ½ × 6 ¼ in. Anonymous gift, 2009, acc. no. 48.2842

Vasija efigie con forma de león marino, cultura moche, Perú, 500–800, cerámica, 16 × 24.1 × 16 cm. Donación anónima, 2009, num. de registro 48.2842

atop an inflated sea lion stomach or bladder on a colorful ceramic jar (fig. 18a). The figure here appears clothed only in a belt with a net draped across one shoulder. The reuse of the sea lion's ballooned inner organs allowed fishers to invoke the graceful swimming of the sea mammal, which would (in spirit) accompany and protect fishers as they voyaged out to sea. This individual grasps a large fish in their right hand, indicating a successful catch that they will bring with them to shore (fig. 18b). They wear a turban that comes to a point at their forehead, helping them to cut more deeply into the surface of the water.

To catch fish, these fishers had to dive deep into the waters of the Pacific Ocean—a behavior observed in several sea birds along the coast, such as the pelican. A double-whistle vessel made by the later Lambayeque or Sicán culture shows two Peruvian pelicans, one light and one dark, above the surface of the ocean, apparently in search of prey (fig. 19). Like many spouted vessels of the Andes, when partially filled with water and moved around, it makes high-pitched

océano Pacífico, un comportamiento que se observa en varias aves marinas a lo largo de la costa, como el pelícano. Una vasija silbadora doble fabricada por la posterior cultura lambayeque o sicán muestra dos pelícanos peruanos, uno claro y otro oscuro, sobre la superficie del océano, aparentemente en busca de presas (fig. 19). Como sucede con muchas vasijas con pico de los Andes, cuando se llena parcialmente de agua y se mueve, emite agudos silbidos. Esta vasija incluye una de las pocas imágenes de la colección de América antigua del museo Walters en la que se alude al paisaje, en forma de espirales que representan olas y que caen en cascada por los costados de la vasija. Se consideraba a los pelícanos grandes cazadores de peces y, en el arte andino, se representaba con frecuencia aves rapaces de muchos tipos, como los cóndores que se tejían en los laterales de los gorros de cuatro puntas (fig. 20) que creaba la cultura wari. Los pájaros estilizados de los laterales del gorro destacan con colores que contrastan con el fondo. Los gorros de este tipo suelen tener borlas o esquinas en punta, lo que puede ser una

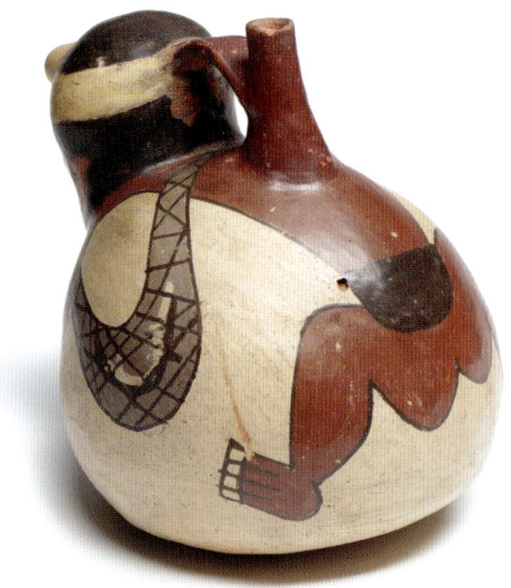

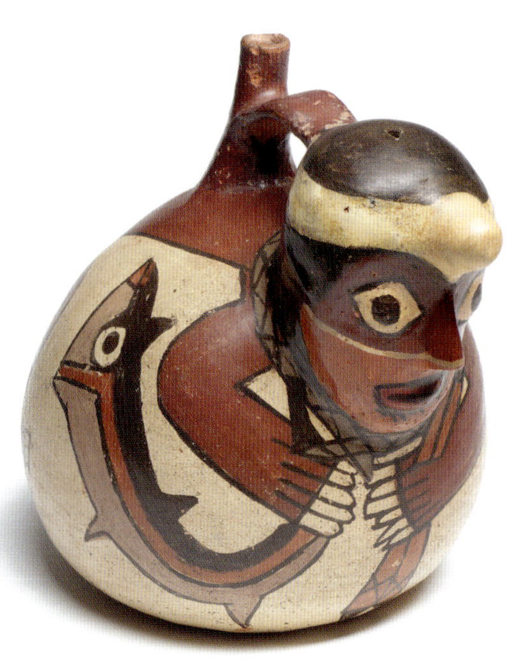

Fig. 19

Double-Whistle Vessel with Sea Birds, Lambayeque (Sicán), Peru, 900–1100, earthenware, 6 ³⁄₁₆ × 7 × 4 ³⁄₁₆ in. Anonymous gift, 2009, acc. no. 48.2826

Fig. 18a, b

Fisherman Effigy Vessel, Nasca, Peru, 200 BCE–600 CE, earthenware, burnished slip paint, 7 ¹⁄₁₆ × 5 ¹⁵⁄₁₆ × 7 ½ in. Gift of Dr. Ernst Niedermeyer, 2009, acc. no. 48.2865

Vasija efigie de pescador, cultura nazca, Perú, 200 a.C.–600 d.C., cerámica, pintura con engobe bruñido, 18 × 15.1 × 19.1 cm. Donación del Dr. Ernst Niedermeyer, 2009, num. de registro 48.2865

Vasija silbadora doble con aves marinas, cultura lambayeque (sicán), Perú, 900–1100, cerámica, 15.8 × 17.8 × 10.7 cm. Donación anónima, 2009, num. de registro 48.2826

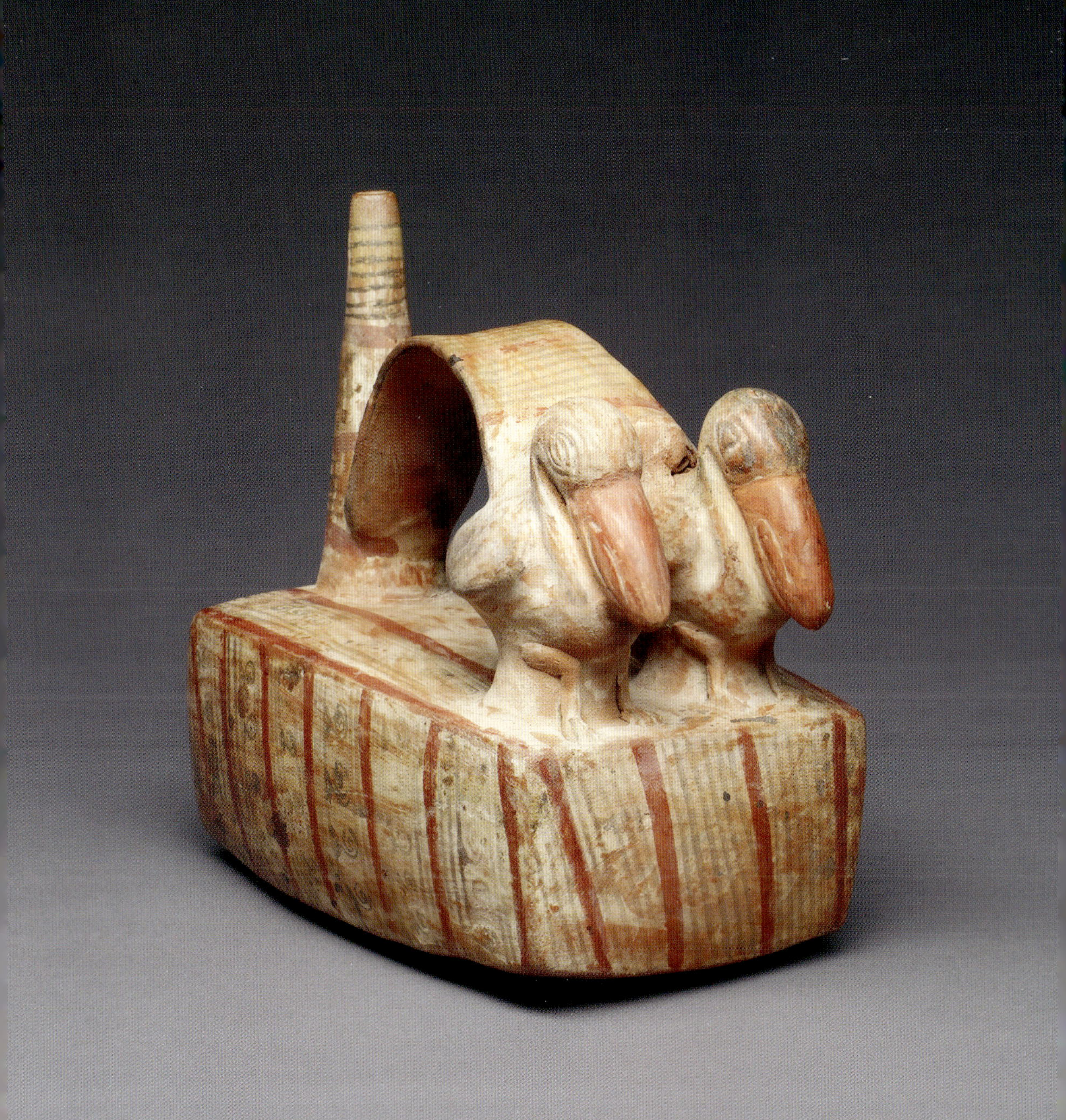

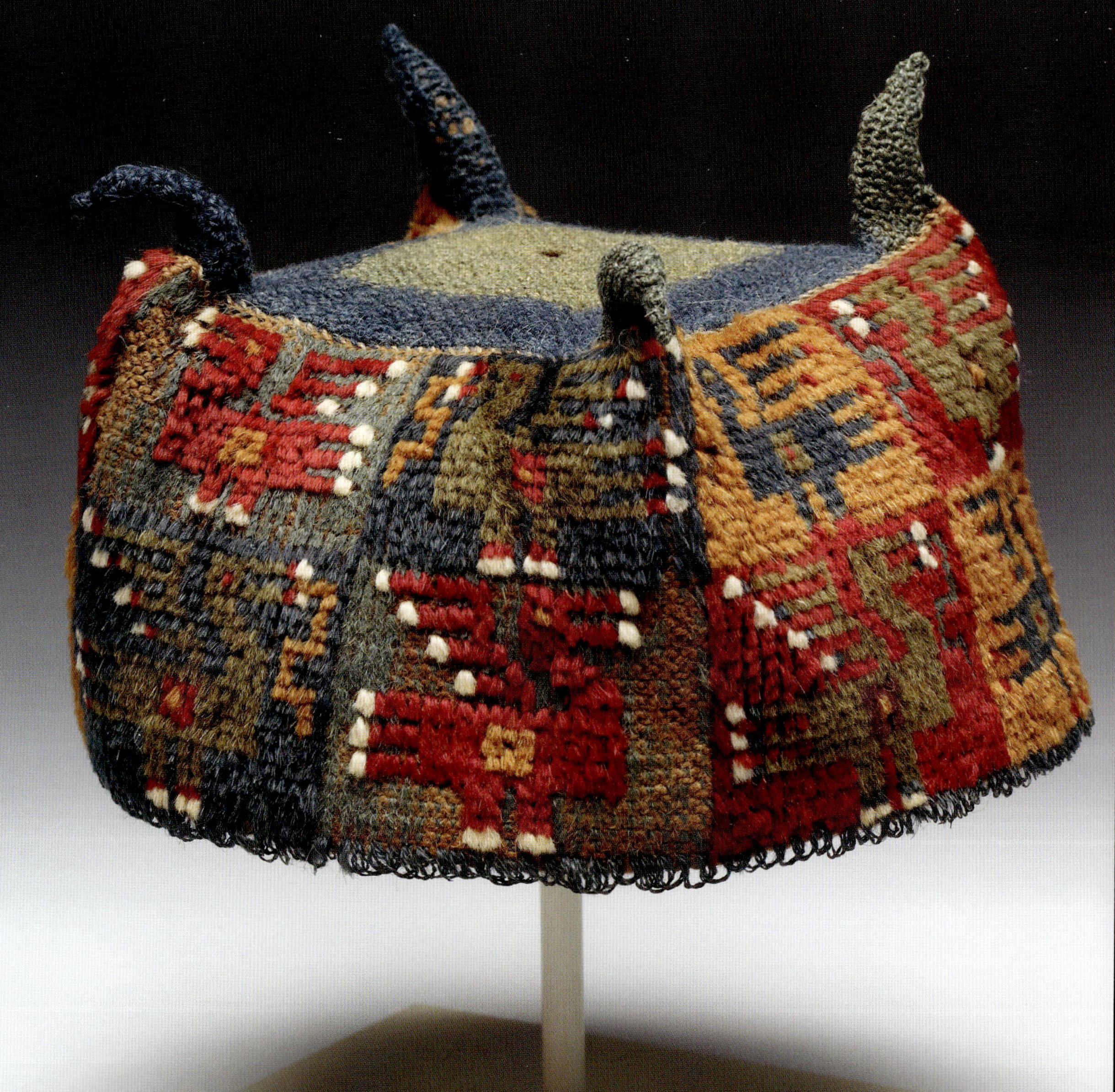

whistling sounds. This vessel includes one of the few images from the Walters' ancient American collection in which the landscape is alluded to, in the form of spirals representing waves that cascade down the sides of the vessel. Pelicans were considered great hunters of fish, and birds of prey of many kinds were frequently represented in Andean art, such as the condors that were woven on the sides of four-cornered hats created by the Wari culture (fig. 20). Stylized birds on the sides of the hat stand out in contrasting colors from the background. Hats like these usually have tassels or pointed tips at the corners, which may be a reference to the ears of felines, or to tufts of birds' feathers. Such hats have always been found in the tombs of men, sometimes buried with

Four-Cornered Hat, Wari, Peru, 600–900, camelid fibers, 3 ¾ × 5 ¹⁵⁄₁₆ × 5 ¹³⁄₁₆ in. Gift of Georgia and Michael de Havenon, 2016, acc. no. 2011.20.13

Gorro de cuatro puntas, cultura wari, Perú, 600–900, fibras de camélido, 9.5 × 15.1 × 14.8 cm. Donación de Georgia y Michael de Havenon, 2016, num. de registro 2011.20.13

referencia a las orejas de los felinos o a los penachos de las plumas de los pájaros. Estos gorros siempre se han encontrado en las tumbas de personas masculinas, donde también a veces se enterraban junto con sus armas. Es posible que los guerreros creyeran que estos gorros podían conferirles la fuerza, la ferocidad y la rapidez de los animales.

Los jugadores del juego de pelota sagrado mesoamericano también invocaban el veloz vuelo de las aves rapaces cuando corrían por las canchas en las que jugaban. Los escultores de la antigua Veracruz, en la costa del Golfo de México, fabricaban objetos llamados *hachas* (fig. 21). Es posible que se colocaran sobre los cinturones de los jugadores o que quizás se utilizaran como marcadores en las canchas. Muchas hachas se crearon con forma de aves que los artistas de Veracruz, y luego en la región maya de Guatemala, observaban durante sus migraciones anuales. Tal vez también el hacha haga referencia al *Popol Vuh*, en el que aparecen criaturas aviares que hablan a los humanos y forjan sus destinos. Algunas de estas historias

weapons. Warriors may have believed that these hats could imbue them with the strength, ferocity, and swiftness of the animals.

Players of the sacred Mesoamerican ballgame also invoked the swift flight of raptorial birds as they ran across the courts on which they played. Stone carvers in ancient Veracruz on the Gulf Coast made objects called *hachas*, Spanish for "axe" (fig. 21). These may have sat above belts worn by ballplayers or were perhaps used as markers on the ballcourts. Many *hachas* were created in the shape of birds that artists in Veracruz, and later in the Maya region of Guatemala, observed in annual migrations. Perhaps the *hacha* references the *Popol Vuh*, which features avian creatures speaking to humans and shaping their destinies. Some of these stories are set within a sacred ballcourt, the location where a pair of hero twins play, and defeat, the lords of the underworld in an epic match, after which they are transformed into the sun and the moon. This narrative shows the sacred and ritualistic aspect of the game and the ballcourt's function as a liminal space to communicate between realms.

se desarrollan en una cancha de pelota sagrada, lugar donde dos héroes gemelos juegan y derrotan a los Señores del Inframundo en un partido épico tras el cual los gemelos se transforman en el sol y la luna. Esta narración muestra el aspecto sagrado y ritual del juego y la función de la cancha de pelota como espacio liminar para comunicarse entre los distintos reinos.

Las cuevas y las tumbas subterráneas eran otros portales entre el mundo de los vivos y el de los seres sobrenaturales. Antiguamente, los pueblos de las Américas confiaban en guías animales para que los ayudaran a atravesar con éxito este paso entre los reinos. Algunas historias muy conocidas, y que aún hoy se cuentan en México, ayudan a explicar por qué se encontraban con frecuencia efigies de perros. Un ejemplo

Fig. 21

***Hacha* (Ballgame Implement)**, Maya, Guatemala, 250–850, stone, 9 × 11 ¹³⁄₁₆ × 1 ¹⁵⁄₁₆ in. Gift of John G. Bourne Foundation, 2013, acc. no. 2009.20.203

***Hacha* (artefacto para el juego de pelota)**, cultura maya, Guatemala, 250–850, 22.9 × 30 × 4.9 cm. Donación de la John G. Bourne Foundation, 2013, num. de registro 2009.20.203

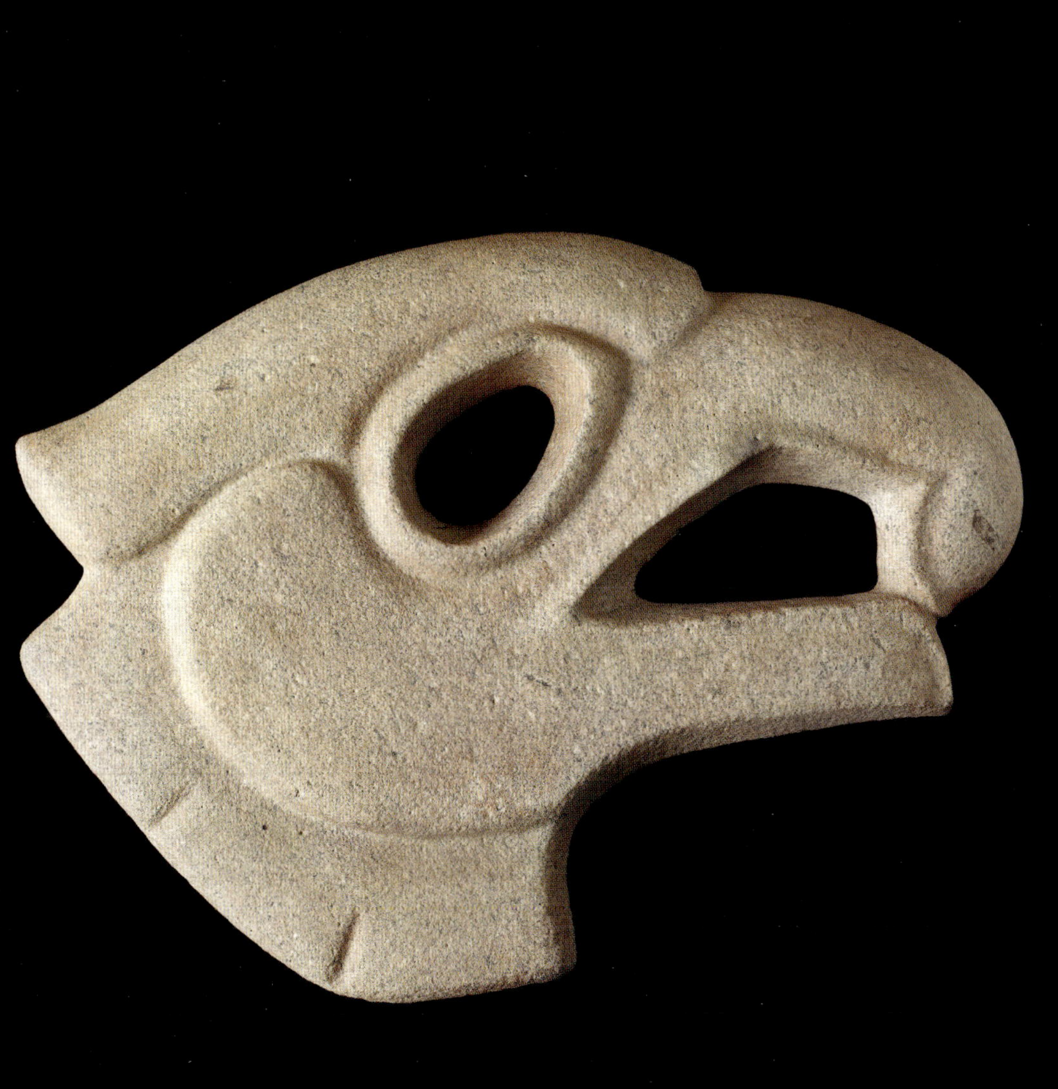

Caves and subterranean tombs were other gateways between the realm of the living and that of supernaturals. People from ancient Latin America relied on animal guides to help them successfully traverse this passage. Well-known stories still told today in Mexico help explain why effigies of dogs, such as a vessel in the form of a curled canine (fig. 22), were frequently found in shaft tombs dug deep into the soil of the West Mexican state of Colima. The later Mexica retold an ancient story in which those who sought to find a peaceful place of rest in the underworld faced many trials. If a person had been kind to dogs during their life, a hairless canine with red skin would guide them through the underworld to safety.

Tombs were not the only portals to the underworld. Mountains and volcanoes were also zones of contact with the supernatural world. At the foot of a volcano on Ometepe Island in Lake Nicaragua, many incense burners surmounted by fearsome alligators or caimans (fig. 23) were found ritually broken. As offerings, they mimicked the shape of the landscape itself, with

es este can enroscado que viene de las tumbas de fosa excavadas profundamente en el suelo en el estado de Colima, al oeste de México (fig. 22). Cientos de años después, el pueblo mexica relataba una antigua historia en la que el inframundo era un reino plagado de pruebas para aquellos que buscaban un lugar de descanso en paz. Si una persona había sido amable con los perros durante su vida, un can sin pelo y de piel roja la guiaría por el inframundo hasta un lugar seguro.

Las tumbas no eran los únicos portales al inframundo. Las montañas y los volcanes también eran zonas de contacto con el mundo sobrenatural. Al pie de un volcán de la isla de Ometepe, en el Lago de Nicaragua, se encontraron numerosos incensarios coronados por temibles caimanes (fig. 23) rotos de forma ritual. Como ofrendas, las grandes protuberancias en el lomo del caimán imitaban la forma de un paisaje montañoso. Asimismo, el humo del incienso evoca el vapor que emerge del cráter de un volcán activo. La niebla que creaba el incienso servía para ocultar, y luego revelar, las

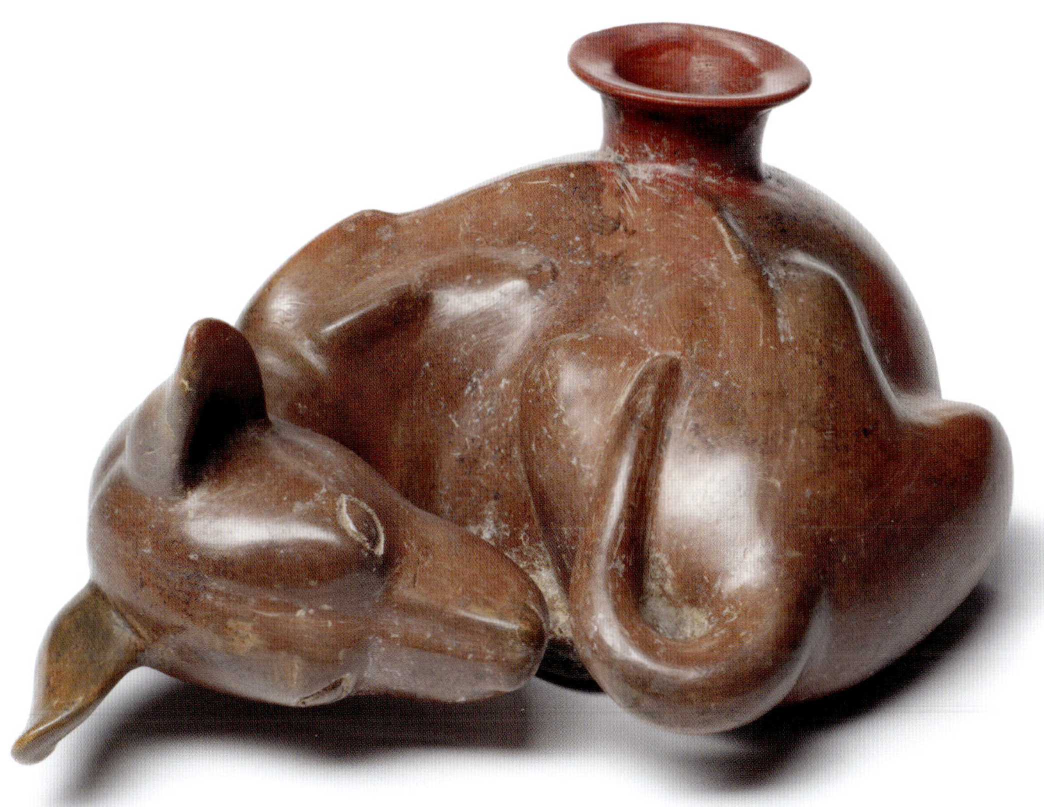

Dog Effigy Vessel, Colima,
Mexico, 100 BCE–300 CE,
earthenware, burnished slip
paint in red and light brown,
5 5/8 × 12 3/16 × 10 15/16 in.
Gift of John Bourne, 2009,
acc. no. 2009.20.63

**Vasija efigie con forma
de perro**, Colima, México,
100 a.C.–300 d. C., cerámica,
pintura con engobe bruñido
en rojo y marrón claro,
14.3 × 30.9 × 27.8 cm. Donación
de John Bourne, 2009, núm. de
registro 2009.20.63

large bumps on the caiman's back echoing the shape of a mountainous landscape. Similarly, the smoke of the incense calls to mind the vapor emerging from the cone of an active volcano. Fog created by the incense served to conceal, then reveal, ritual activities in a way that brought forth the supernatural world. When combined with the aromatic smell of incense made from the resin of a copal tree, the smoke allowed ritual participants to experience the animal as an otherworldly figure.

While in many cases we do not know the specific stories that are illustrated, many of the complex figural representations created in Latin America would have been easily recognizable to those who were initiated in these intellectual and religious traditions. Even when imagery seems more lighthearted, it is still rooted in close observation of the natural world. This specificity was important, whether such images were a materialized petition for good hunting and fishing or protection from fearsome predators, a representation of the world as an animal, or a portrait of priests' transformation.

actividades rituales de un modo que evocaba el mundo etéreo de lo sobrenatural. Al combinarse con el aroma del incienso elaborado con la resina de un árbol de copal, el humo permitía a quienes participaban en el ritual percibir al animal como una figura del otro mundo.

Aunque en muchos casos desconocemos las historias concretas que se ilustran, muchas de las complejas representaciones figurativas que se crearon en América Latina debían ser fácilmente reconocibles para las personas que participaban de estas tradiciones intelectuales y religiosas. Incluso cuando las imágenes parecen más distendidas, no dejan de estar arraigadas en la observación minuciosa del mundo natural. Esta especificidad era importante tanto si tales representaciones eran peticiones de buena caza y pesca, de protección contra temibles depredadores, una representación del mundo como animal o un retrato de la transformación de los sacerdotes.

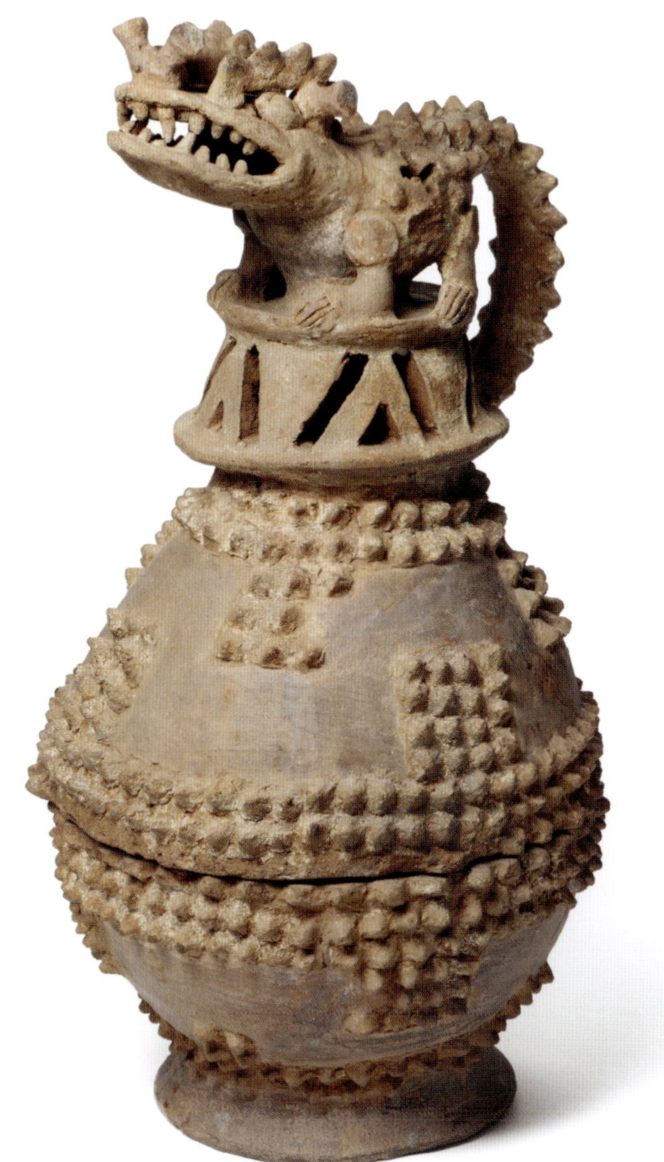

Caiman Effigy Incense Burner,
Guanacaste-Nicoya, Costa
Rica or Nicaragua, 500–1350,
earthenware, traces of white
ground, 23 11/16 × 12 5/8 × 12 9/16 in.
Gift of John Bourne, 2009,
acc. no. 2009.20.45

**Incensario efigie con
forma de caimán**, cultura
guanacaste-nicoya, Costa Rica o
Nicaragua, 500–1350, cerámica
con restos de fondo blanco,
60.1 × 32 × 31.9 cm. Donación
de John Bourne, 2009, núm. de
registro 2009.20.45

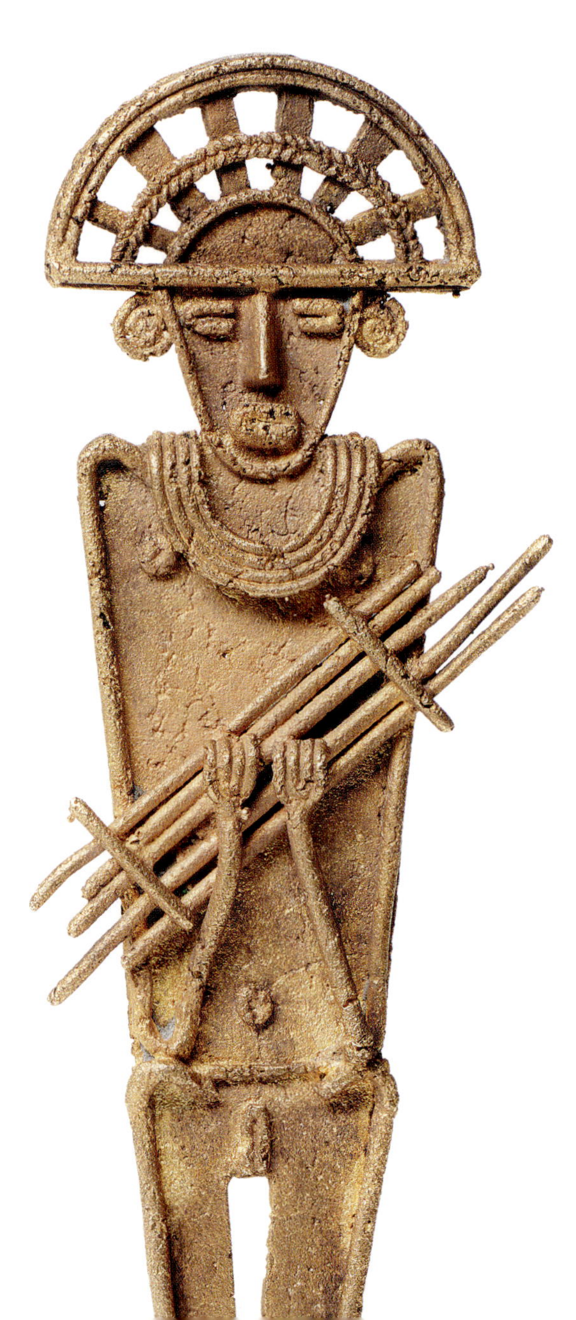

MAGICAL MINERALS

MINERALES MÁGICOS

Quetzaliztli / Emerald-green jade

The name of this comes from *quetzalli* [quetzal feather] and *itztli* [obsidian], because its appearance is like a green quetzal feather. And its body is as transparent and as dense as obsidian.

It is precious, esteemed, valuable. . . . It glistens, glistens constantly; it shines; it gives light, gives constant light, gives rays. It is honored, esteemed.

—The Florentine Codex (ca. 1560–88), available online in the Digital Florentine Codex / Códice Florentino Digital, folios 204r–204v

Quetzaliztli / *Jade verde esmeralda*

El nombre de esta piedra procede de los términos quetzalli *[pluma de quetzal] e* itztli *[obsidiana] porque su aspecto se asemeja a una pluma verde de un quetzal. Su cuerpo es tan transparente y denso como la obsidiana.*

Es una piedra preciosa, apreciada, de gran valor... Brilla, brilla constantemente; resplandece; da luz, luz constante, emite rayos. Se la honra y aprecia.

Specific locations on the Earth, such as caves, cenotes (sinkholes filled with water), and mines, were seen by ancient Americans as portals between the underworld and terrestrial realm. In fact, they often chose places to mine for mineral resources as much for their ritual and symbolic dimensions as their economic or geological feasibility. Specifically, jade, clay minerals, cinnabar, gold, silver, and copper were believed to possess magical properties that assisted ancient American people in transitioning between realms.

The Mexica's reverence for the green materials is apparent in the ornate language used by the authors of the sixteenth-century Florentine Codex, created in New Spain (Mexico) by Nahuatl-speaking scribes and artists under the direction of Friar Bernardino de Sahagún around 1560–88. The Mexica mined and shaped greenstones in a variety of shades. The colors green and blue were not differentiated among the Mexica, who referred to both as *xoxoctic*. Ancient Maya people also used one word, *yax*, to describe both a bright green and a bright blue color, which they

Los antiguos americanos consideraban que determinados lugares de la Tierra, como cuevas, *cenotes* (pozos de agua) y minas, eran portales entre el inframundo y el mundo terrenal. De hecho, solían elegir el lugar para extraer recursos minerales tanto por sus cualidades rituales y simbólicas como por su viabilidad económica o geológica. En concreto, se creía que el jade, los minerales de la arcilla, el cinabrio, el oro, la plata y el cobre tenían propiedades mágicas que ayudaban a los antiguos pueblos americanos a pasar de un reino a otro.

La veneración que los mexicas sentían por materiales de color verde queda patente en el lenguaje florido que usaron los autores del Códice Florentino antes citado. El Códice fue creado en la Nueva España (México) por artistas y escribanos que hablaban Náhuatl, bajo la dirección del Fray Bernardino de Sahagún entre 1560–1588. Los mexicas extraían y tallaban piedras verdes de distintas tonalidades. No diferenciaban entre los colores verde y azul, y se referían a ambos como *xoxoctic*. Los antiguos mayas también tenían una palabra, *yax*,

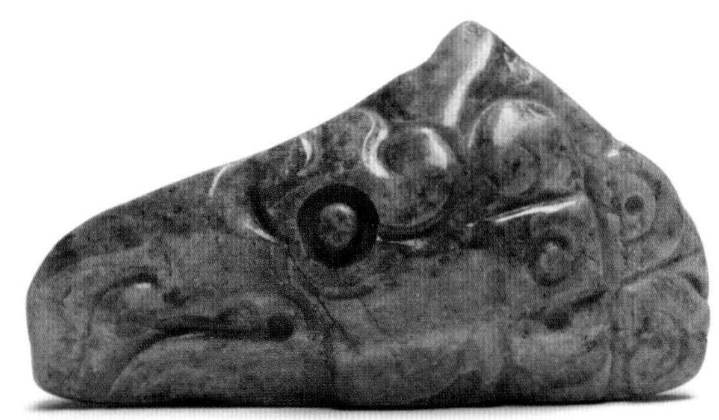

Vulture-Head Amulet, Maya,
Guatemala, 200–700, jadeite,
l. 2 ¼ in. Acquired by Henry
Walters, 1910, acc. no. 42.549

**Amuleto con cabeza
de buitre**, cultura maya,
Guatemala, 200–700, jadeíta,
l. 5.7 cm. Adquisición de
Henry Walters, 1910, num. de
registro 42.549

para describir el color verde y el azul brillante, que asociaban con las vivificantes fuerzas del exuberante paisaje tropical. La palabra *yax* se usaba sobre todo para describir el jade (jadeíta) y otras piedras verdes. En Centroamérica, los miembros de la élite usaban amuletos (fig. 24) y cuentas ornamentales (fig. 25) tallados en jadeíta (y otras variedades de piedra verde) para identificarse como personas con poder. Los ornamentos también servían como recordatorio de las habilidades sobrenaturales de las personas que los usaban. Parte de los poderes sobrenaturales – el espíritu inherente asociado a estas piedras – procedían de los desafíos a los que se enfrentaban los lapidarios (talladores de piedra) en el proceso de producción. Los mexicas tenían que buscar las fuentes de la piedra verde al amanecer, cuando la esta bajo la superficie de la tierra desprendía una ligera bruma vaporosa. Los mineros usaban un martillo especial para localizar la jadeíta. Cuando se golpeaba la piedra dura que había bajo la superficie del barro, se producía un sonido particular. Los escultores tallaban el material para crear estatuillas – por ejemplo,

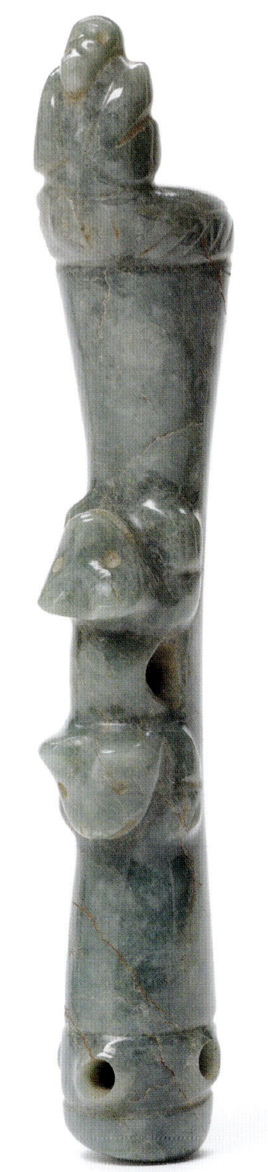

Tubular Pendant Bead,
Guanacaste-Nicoya, Costa
Rica, 1–500, jadeite,
6 ¹³⁄₁₆ × 1 ½ × 1 in. Gift of John
G. Bourne Foundation, 2013,
acc. no. 2009.20.238

Cuenta colgante tubular,
cultura guanacaste-nicoya,
Costa Rica, 1–500, jadeíta,
17.3 × 3.8 × 2.6 cm. Donación
de la John G. Bourne
Foundation, 2013, num. de
registro 2009.20.238

associated with the life-giving forces of a lush tropical landscape. *Yax* was especially used to describe jade (jadeite) and other greenstones. In Central America, amulets (fig. 24) and beads (fig. 25) carved from jadeite (and other greenstone varieties) were worn by members of the elite to identify them as powerful individuals. The ornaments also served as a reminder of the wearer's supernatural abilities. Part of the otherworldly powers—the spirit within—associated with these stones stemmed from the challenges lapidaries (stone carvers) faced in the production process. The Mexica had to search for greenstone at dawn, when the stone below the surface of the earth gave off a slight vaporous haze. Miners used a special hammer to locate jadeite; when the hard stone material beneath the muddy surface was struck, it made a particular sound. Sculptors carved the material into figurines—for example, an Olmec ballplayer (fig. 26)—as well as jewelry and implements with exceptional detail. The work of polishing them to a smooth, lustrous finish would have taken enormous skill and a great deal of time given the hardness of the stone.

un jugador de pelota de los olmecas (fig. 26) – además de ornamentos y utensilios con un nivel de detalle excepcional. El trabajo de pulirlas hasta conseguir un acabado liso y brillante debió requerir una enorme destreza y mucho tiempo dada la dureza de la piedra.

La fascinación por los colorantes azules/verdes no se limitaba a los materiales provenientes de piedras verdes, sino que también se centraba en un pigmento sintetizado con una combinación de la planta índigo y la paligorskita, un mineral sagrado que se obtenía de la arcilla del fondo de lagos y cenotes. La combinación de materiales orgánicos y minerales daba como resultado colores intensos y era extremadamente duradera, incluso por siglos. Este antiguo pigmento sintético se conoce ahora como "azul maya". Se empleó para decorar murales, esculturas, cerámicas y libros desde el período preclásico hasta el colonial (hacia 200–1800 e. c.). Por ejemplo, se usó para pintar grandes urnas funerarias (fig. 27) que eran exclusivas de los mayas k'iche' del sur de Guatemala. Muchos de estos recipientes

The fascination with blue/green colorants was not limited to greenstone materials but was also focused on a pigment synthesized from the indigo plant and palygorskite, a sacred mineral that was sourced from the clay at the bottom of lakes and cenotes. The plant and mineral combination was vividly colored and extremely durable, lasting for centuries. This ancient synthetic pigment is now known as Maya blue. It was used to decorate murals, sculpture, ceramics, and books from the preclassic to the colonial period (ca. 200–1800 CE). For example, it was painted on large burial urns (fig. 27) unique to the K'iche' Maya of southern Guatemala. Many of these containers were stored in sacred caves where descendants would make pilgrimages to give offerings and seek advice from their revered

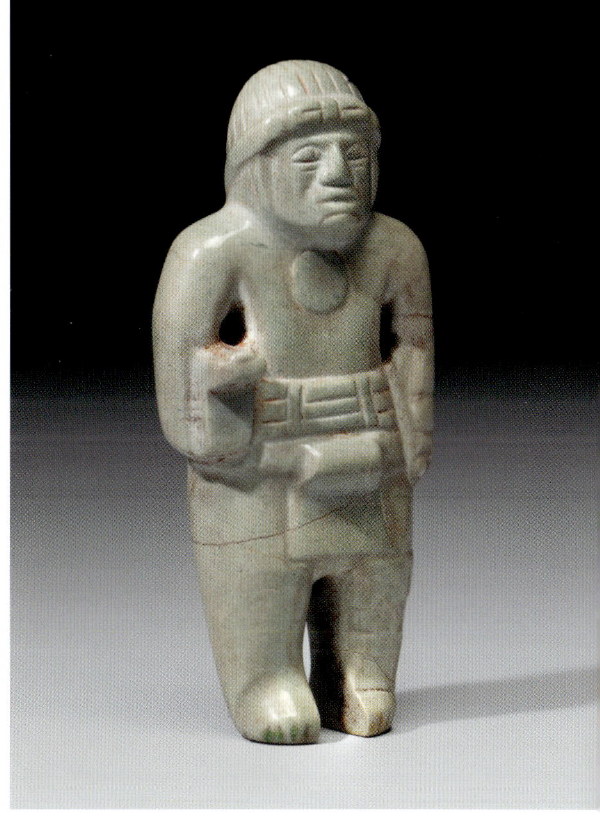

Ballplayer Figure, Olmec, Mexico, 900–600 BCE, jadeite, 3 9/16 × 1 5/8 × 1 in. Gift of John G. Bourne, 2014, acc. no. 2009.20.228

Figura de un jugador de pelota, cultura olmeca, México, 900–600 a.C., jadeíta, 9 × 4.2 × 2.5 cm. Donación de John Bourne, 2014, num. de registro 2009.20.228

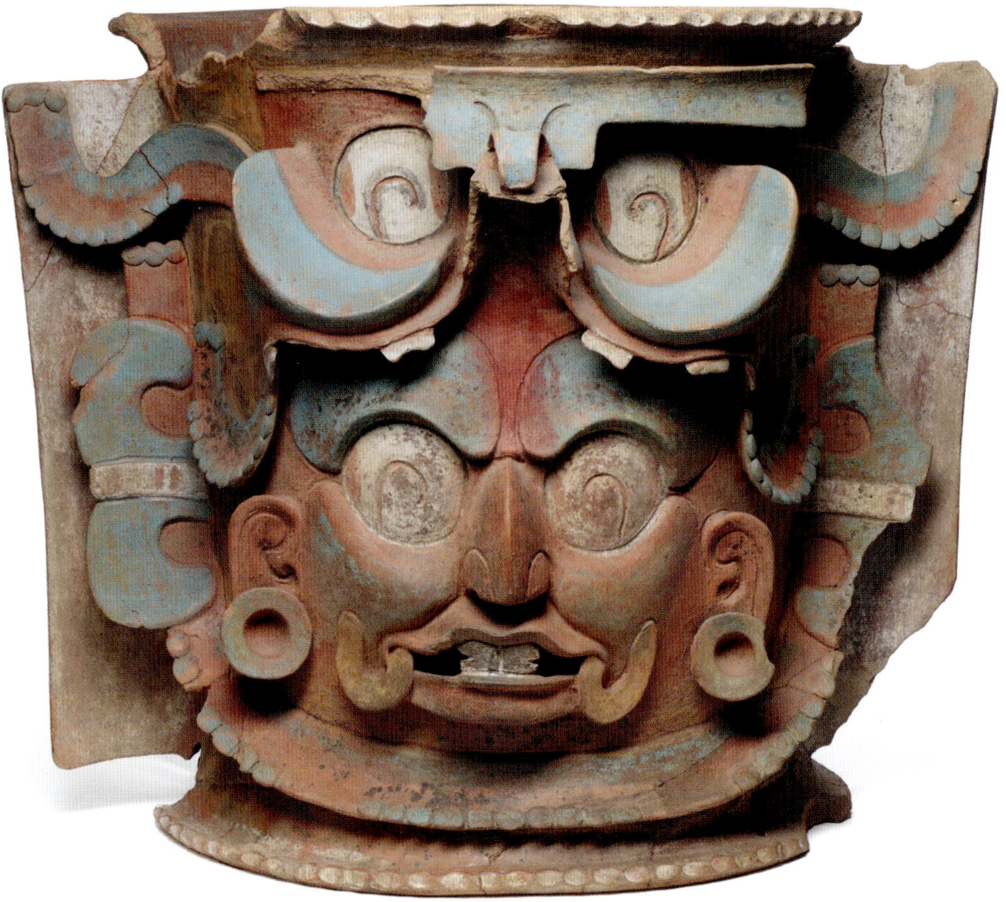

ancestors. The urns were adorned with images of forebears, whom the K'iche' Maya conflated with spirit embodiments of deities. Here an ancestor deity emerges from the open mouth of a shark, which symbolizes the watery underworld; the sanctified personage is ready to interact with his prayerful descendants. The cenotes where the clay minerals were found were also the locations where offerings were made, indicating that these water-filled sinkholes were sacred, liminal spaces that helped to mediate between worlds.

Greenstone objects from Mesoamerica often show traces of the red, mercury-based mineral pigment cinnabar in the crevices of their incised designs (fig. 28). Maya and Mexica people used red pigment as a marker of sacredness for grave offerings or ritual objects (see fig. 2)—and this

se guardaban en cuevas sagradas a las que los descendientes peregrinaban para hacer ofrendas y pedir consejo a sus venerados ancestros. Las urnas estaban adornadas con imágenes de antepasados, que los mayas k'iche' asimilaban a personificaciones espirituales de deidades. Este antepasado devenido en deidad emerge de la boca abierta de un tiburón, que simboliza el inframundo acuático; el personaje santificado está listo para interactuar con sus descendientes en estado de oración. Los cenotes donde se encontraban los minerales de la arcilla eran también el lugar donde se hacían ofrendas, lo que indica que estos sumideros llenos de agua eran espacios sagrados y liminares que ayudaban a mediar entre los dos mundos.

Los objetos tallados en piedra verde procedentes de Mesoamérica (fig. 28) muestran a menudo restos de cinabrio (un pigmento mineral rojo a base de mercurio) en las grietas de los dibujos que tienen grabados. Los mayas y los mexicas usaban el pigmento rojo como marcador de sacralidad para las ofrendas funerarias o los objetos rituales (ver fig. 2), y lo mismo ocurría en

Burial Urn, K'iche' Maya, Guatemala, 600–850, earthenware, post-fire paint, 21 15/16 × 26 9/16 × 22 13/16 in. Gift of John Bourne, 2009, acc. no. 2009.20.41

Urna funeraria, cultura maya k'iche', Guatemala, 600–850, cerámica, pintura posterior a la cocción, 55.8 × 67.4 × 57.9 cm. Donación de John Bourne, 2009, núm. de registro 2009.20.41

was true in the Andes as well. Artists carved wooden posts with faces (figs. 29, 30) that they covered in red pigment and placed as grave markers to support the roofs of tombs on the central coast of Peru. The red coloring on the faces of the posts mimics the coloring found on the skeletal remains inside the tombs. The Chancay people participated in this practice, decorating masks (fig. 31) with cinnabar and placing the mask over a mummified body wrapped in lavish textiles. You can see the imprints of cloth patterns on either side of the nose and the chin of this piece in the Walters' collection.

Although approximately twenty cinnabar sources are known in Peru, most of the mineral comes from Huancavelica, a remote location. Recent research has confirmed that the two wooden posts and the mummy mask in the Walters' collection are colored with pigment that came from Huancavelica, located in the south-central highlands of Peru. The effort required to obtain cinnabar for use in distant funerary settings indicates that the medium was deeply symbolic.

los Andes. Los artistas tallaban rostros en postes de madera (figs. 29, 30) que luego cubrían con pigmento rojo y colocaban como marcadores de tumbas para sostener el techo de las sepulturas en la costa central de Perú. La coloración roja de los rostros tallados en los postes imita el color de los restos óseos en el interior de las tumbas. El pueblo Chancay llevaba a cabo también esta práctica decorando máscaras (fig. 31) con cinabrio y colocándolas sobre un cuerpo momificado envuelto en suntuosos tejidos. En esta pieza de la colección del Museo Walters, se pueden ver las huellas de los dibujos de la tela a ambos lados de la nariz y del mentón.

Aunque se conocen unas veinte fuentes de cinabrio en Perú, en su mayor parte el mineral procede de Huancavelica, una localidad remota. Investigaciones recientes han confirmado que los dos postes de madera y la máscara de la momia pertenecientes a la colección están coloreados con un pigmento procedente de Huancavelica, situada en las tierras altas del centro-sur peruano. El esfuerzo necesario para obtener el cinabrio para su uso en recintos

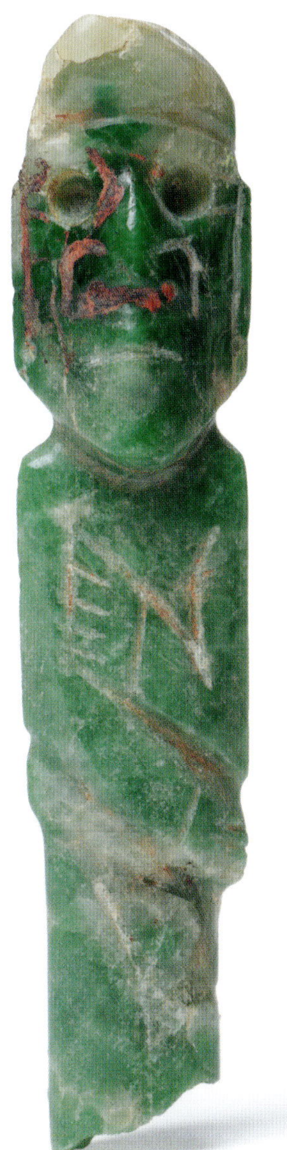

Figural Pendant, Maya,
Guatemala, Mexico, Belize, or
Honduras, 250–450, jadeite,
red pigment, 3 ¼ × ¹¹⁄₁₆ × ⁹⁄₁₆ in.
Bequest of John G. Bourne,
2017, acc. no. 2009.20.232

Colgante figurativo, cultura
maya, Guatemala, México,
Belice u Honduras, 250–450,
jadeíta, pigmento rojo,
8.2 × 1.7 × 1.5 cm. Legado de
John Bourne, 2017, num. de
registro 2009.20.232

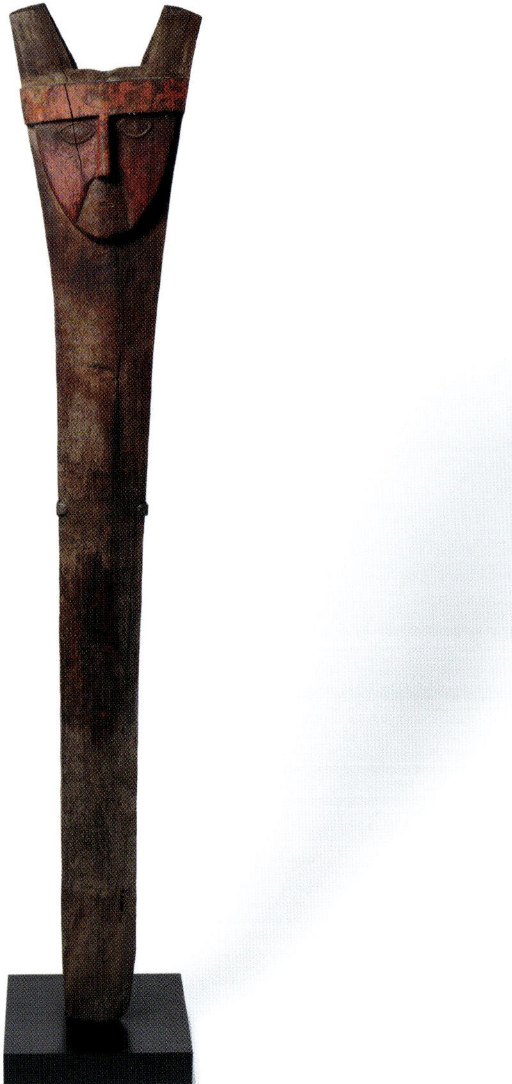

Fig. 29

Post with a Carved Face,
Ica-Chincha, Peru, 1000–1470,
wood (huarango) with cinnabar,
68 ½ × 12 ¼ × 5 in. Anonymous
gift, 2009, acc. no. 61.351

Poste con un rostro tallado,
cultura ica-chincha, Perú, 1000–
1470, madera (huarango) con
cinabrio, 174 × 31.1 × 12.7 cm.
Donación anónima, 2009, num.
de registro 61.351

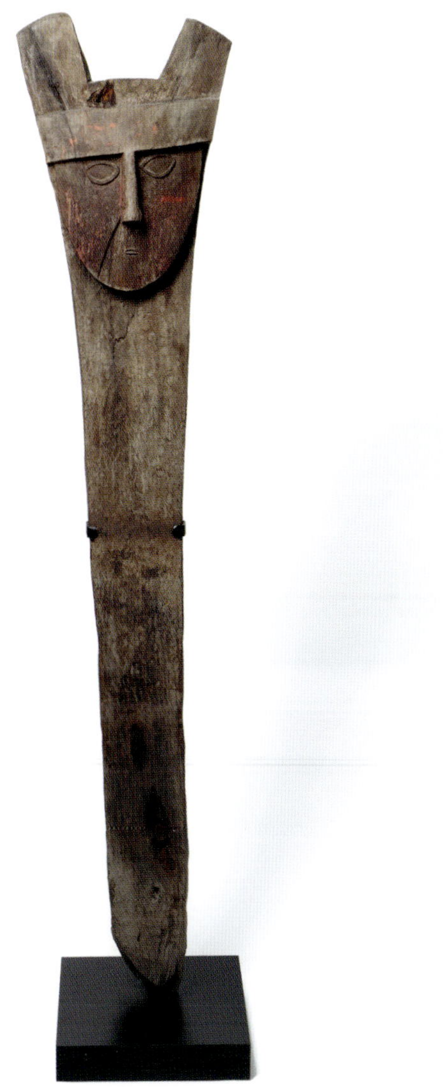

Post with a Carved Face,
Ica-Chincha, Peru, 1000–
1470, wood with cinnabar,
65 ½ × 13 ⅝ × 4 ½ in. Anonymous
gift, 2009, acc. no. 61.352

Poste con un rostro tallado,
cultura ica-chincha, Perú,
1000–1470, madera con
cinabrio, 166.4 × 34.6 × 11.4 cm.
Donación anónima, 2009, num.
de registro 61.352

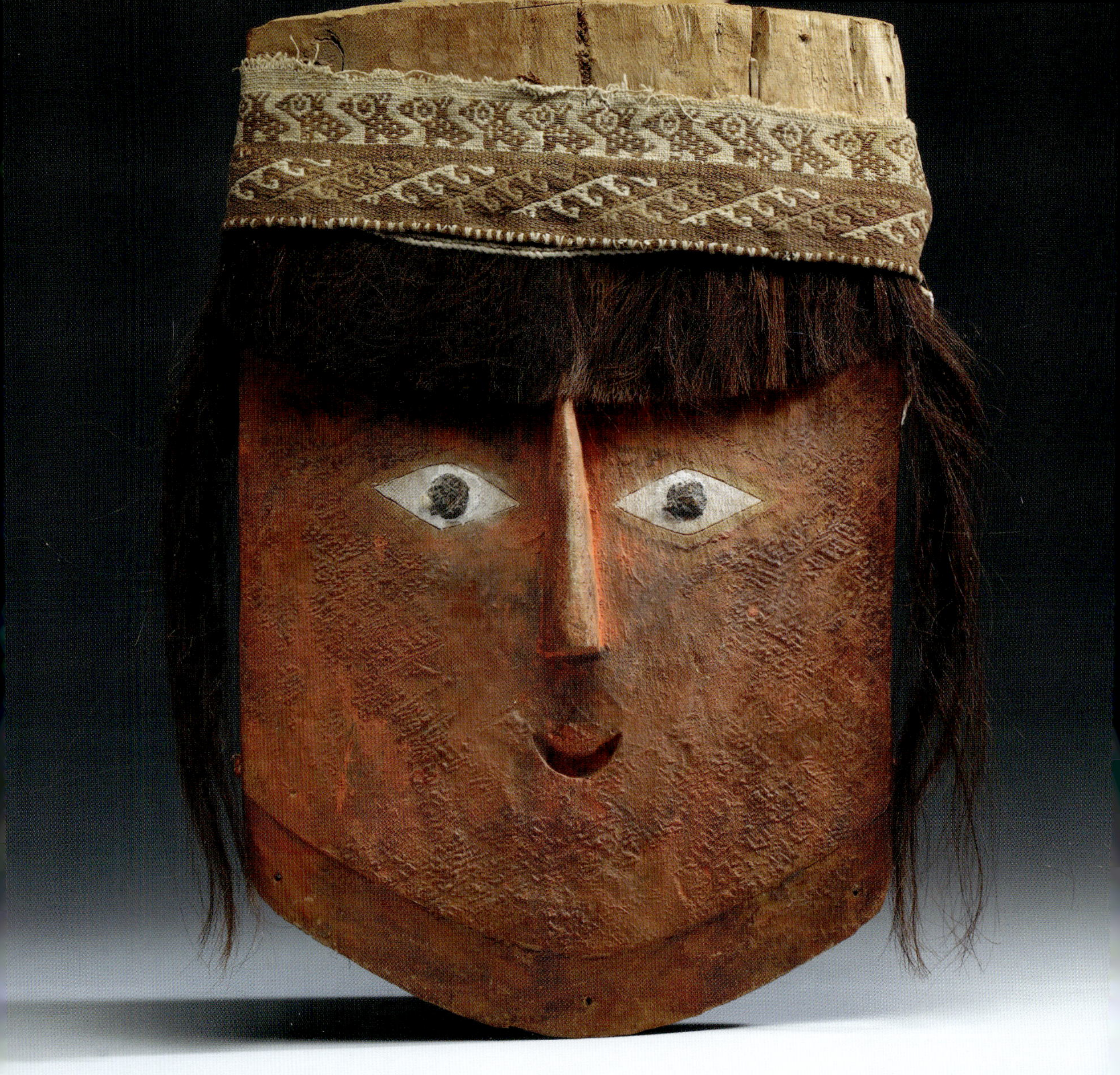

It may surprise some to learn that gold and silver resources were more plentiful in parts of the ancient Americas than jade and cinnabar. In some cases, the metals were not as highly valued as minerals that were more difficult to obtain. Instead of attributing monetary value to these metallic resources, they were prized by Indigenous inhabitants for their luminosity. People chose to wear golden objects for their power to ward off evil spirits and, in some cases, as a symbol of their importance. Bracelets, necklaces, and large effigy pendants were decorated with geometric motifs and cast in the shape of animals and composite forms. The reflective metal would catch the sunlight.

The malleable nature of these metals allowed goldsmiths to experiment with various

funerarios lejanos indica que el material tenía una gran importancia simbólica.

Quizá sorprenda saber que antiguamente, en algunas zonas de las Américas, el oro y la plata eran recursos más abundantes que el jade y el cinabrio. En algunos casos, los metales no eran tan apreciados como los minerales que eran más difíciles de obtener. En lugar de atribuir valor monetario a estos recursos metálicos, los habitantes indígenas los apreciaban por su luminosidad. Preferían usar objetos dorados por su poder para ahuyentar a los malos espíritus y, en algunos casos, como símbolo de su importancia. Se decoraban pulseras, collares y grandes colgantes efigie con dibujos geométricos y se moldeaban en forma de animales y formas combinadas. La naturaleza reflectante del metal captaba la luz del sol.

La maleabilidad de estos metales permitió a los orfebres experimentar con diversas técnicas. Los orfebres diquís de Costa Rica perfeccionaron una técnica llamada *fundición a la cera perdida*. En este proceso, se hace un molde a partir de una figura original hecha en cera, la que luego se

Mummy Mask with Wig, Chancay, Peru, 1000–1450, wood, textile, hair, and cinnabar, 12 × 8 × 1⅞ in. Anonymous gift, 2009, acc. no. 61.355

Máscara de momia con peluca, cultura chancay, Perú, 1000–1450, madera, tejido, pelo y cinabrio, 30.5 × 20.3 × 4.8 cm. Donación anónima, 2009, num. de registro 61.355

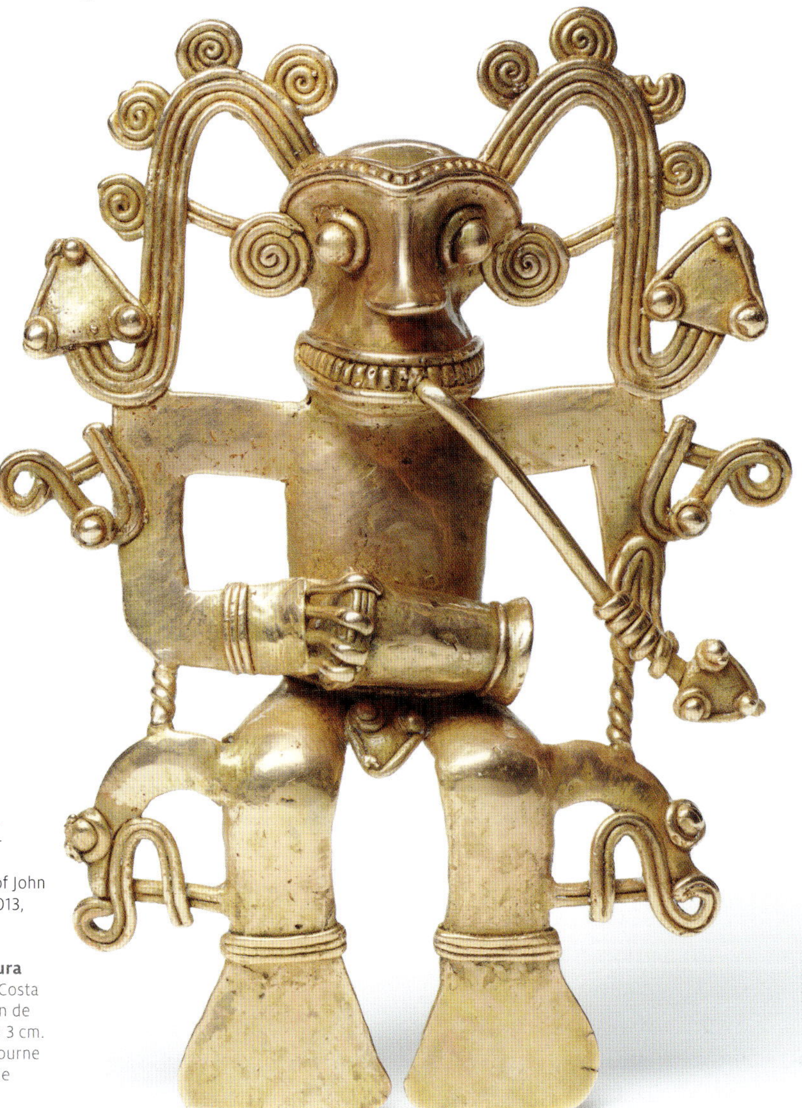

Fig. 32

Human Effigy Pendant,
Diquís, Costa Rica, 1200–
1500, cast gold alloy,
5 ¾ × 4 ⅛ × 1 ³⁄₁₆ in. Gift of John
G. Bourne Foundation, 2013,
acc. no. 2009.20.74

**Colgante efigie con figura
humana**, cultura diquís, Costa
Rica, 1200–1500, aleación de
oro fundido, 14.6 × 10.5 × 3 cm.
Donación de la John G. Bourne
Foundation, 2013, num. de
registro 2009.20.74

techniques. Diquís metalworkers of Costa Rica perfected a technique called lost-wax casting. In this process, a mold is made from an original figure created in wax that is later melted, leaving a void into which molten metal is poured. Metalworkers were thus able to create detailed figural pendants that people wore to ward off malevolent influences. Some of these figurines, like the one shown here (fig. 32), were posed with bent knees, indicating a spiritual trance, alongside objects of their ritual practice, such as drums, flutes, and other musical instruments. Serpents and reptiles included in the visage of the figures indicate a transformational state in which these practitioners were communicating across spiritual planes.

Also made using a lost-wax technique, *tunjos* (fig. 33) were diminutive figurines manufactured in large quantities by the Muisca people of Colombia as votive offerings. *Tunjos* were placed in graves and used as decorations for temples, but they have mostly been found deposited as offerings. They were tossed into lakes and rivers, or sometimes hidden in caves, all places where they

funde, lo que deja un vacío en el que se vierte el metal fundido. De este modo los orfebres podían crear colgantes con figuras modeladas con gran detalle, las que la gente usaba para protegerse de las influencias malévolas. Algunas de estas estatuillas, como la que se muestra aquí (fig. 32), aparecían con las rodillas dobladas, en señal de trance espiritual, junto a otros objetos que también usaban en su práctica ritual, como tambores, flautas y otros instrumentos musicales. La presencia de serpientes y reptiles en el rostro de las figuras indica un estado de transformación en el que estos practicantes se comunicaban a través de los planos espirituales.

Con esta misma técnica de la cera perdida se creaban los *tunjos* (fig. 33), diminutas estatuillas que los muiscas de Colombia fabricaban en grandes cantidades como ofrendas. Las figuras se colocaban en las tumbas y se usaban para decorar los templos, pero se han encontrado sobre todo depositados como ofrendas. Se arrojaban a lagos y ríos, o bien se ocultaban en cuevas, todos ellos lugares donde no podían ser vistos por ojos humanos; sin embargo, las deidades a las que

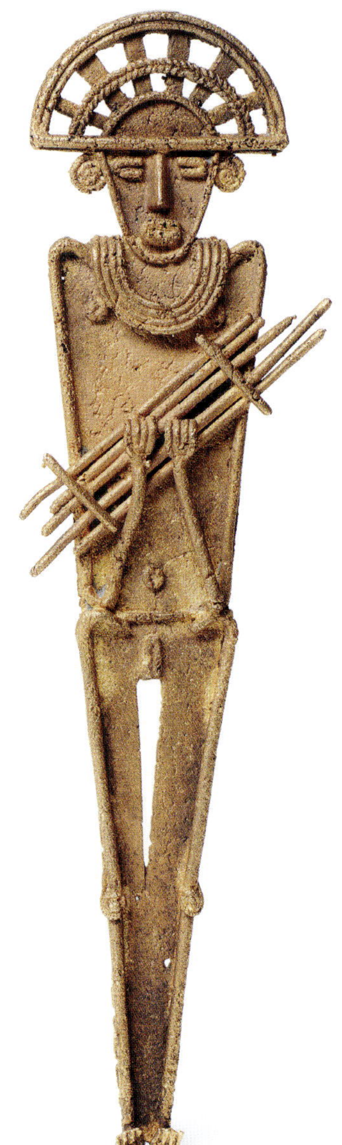

Fig. 33

Tunjo **(Standing Man with a Bundle of Darts)**, Muisca, Colombia, 1000–1500, gold alloy, 6 ⅛ × 1 ¹⁵⁄₁₆ × ¼ in. Gift of Rebecca Herrero Stokes, 2003, acc. no. 57.2289

Tunjo **(hombre de pie con un manojo de dardos)**, cultura muisca, Colombia, 1000–1500, aleación de oro, 15.6 × 5 × 0.7 cm. Donación de Rebecca Herrero Stokes, 2003, num. de registro 57.2289

might not be seen by human eyes but the deities to whom they were given could appreciate the ritual contribution. *Tunjos* may have been offered in petition or thanks for a supernatural being's intercession. The figures generally show little of the face or features of the person represented, with geometric bodies and cursory modeling of genitalia; a higher degree of detail is used to render finery and paraphernalia. In this case, the male figure depicted wears an elaborate round headdress and holds a bundle of darts, suggesting that he may be a warrior or military commander.

The Inca and their predecessors conceived of gold and silver as opposites. Gold held what was considered the masculine power of the sun, and silver embodied the feminine power of the moon. Silver drinking vessels, called *aquillas* (fig. 34), were often made in pairs following a core belief in reciprocity. Communal sharing was a potent unifying principle of social practice to the Chancay people, who made this pair of *aquillas* by hammering sheets of silver and soldering or welding the vessel to a similarly constructed base.

se ofrecían estos objetos sí podían apreciar la contribución ritual. Es posible que los *tunjos* se ofrecieran para pedir o agradecer la intercesión de un ser sobrenatural. Por lo general, estas figuras muestran el rostro o las características de la persona representada con poco detalle, con cuerpos geométricos, un modelado superficial de los genitales y un mayor grado de detalle en las representaciones de las galas y la parafernalia. En este caso, la figura masculina que aparece representada luce un elaborado tocado redondo y sostiene un manojo de dardos, lo que indica que puede tratarse de un guerrero o comandante militar.

Los incas y sus predecesores concebían el oro y la plata como elementos opuestos. El oro contenía lo que se consideraba el poder masculino del sol y la plata encarnaba el poder femenino de la luna. A menudo se fabricaban parejas de vasos en plata llamados *aquillas* (fig. 34) siguiendo una creencia fundamental en la reciprocidad. Compartir en comunidad era un potente principio unificador de la práctica social para el pueblo chancay, que fabricó este par de

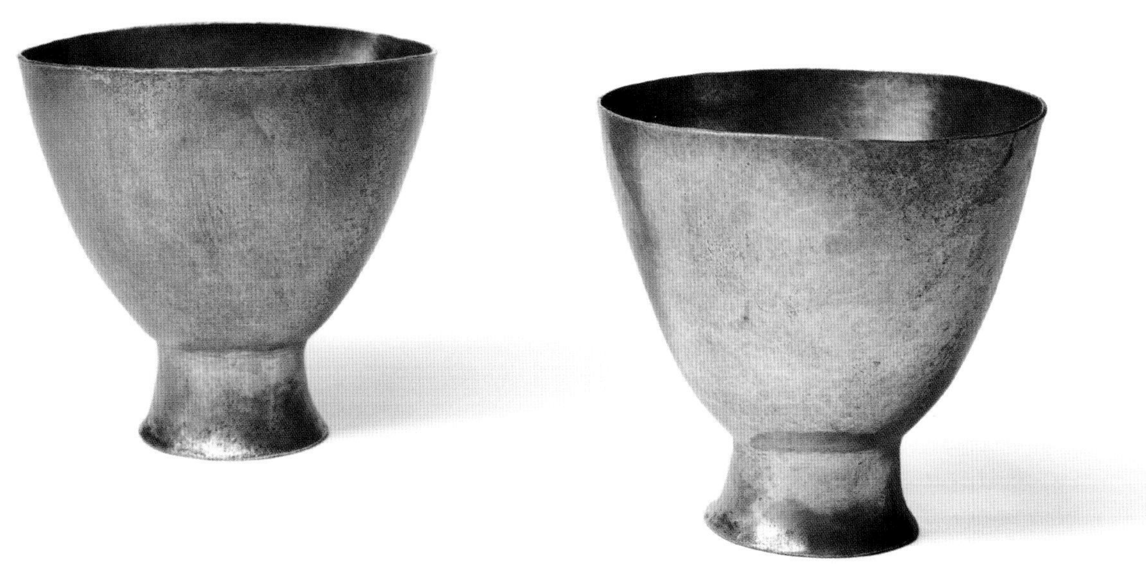

Fig. 34

***Aquillas* (Drinking Vessels)**, Chancay, Peru, 1000–1470, silver, 4 × 4 ⁷⁄₁₆ in., 4 ¹⁄₁₆ × 4 ¼ in. Gift of John G. Bourne, 2014, acc. nos. 2009.20.218, 2009.20.219

***Aquillas* (vasos para beber)**, cultura chancay, Perú, 1000–1470, plata, 10.2 × 11.2 cm, 10.3 × 10.8 cm. Donación de John Bourne, 2014, num. de registro 2009.20.218, 2009.20.219

When the Spanish invaded the Americas, they were dazzled by the gold and silver ornaments worn by the Mexica, the Inca, and other populations. To the Europeans, this indicated that the land was rich with natural resources that they could exploit. Intricately worked gold and silver objects made by Indigenous hands were marked with stamps and sent back to Europe as payment to the kings and queens who financed the voyages. There, the metals were melted down and used for European coinage. As a result, the objects that survive today are only a pitiful testimony to the products of what was once a thriving industry. Soon the Spanish began exploiting the natural resources of the Americas through intensive mining that would bring immense wealth to the crown. To the Indigenous people, however, the Spanish appetite for gold and silver was perplexing—for it was not the monetary value they discerned in these minerals but the symbolic and spiritual connections they enabled. Therefore, the extraction of these powerful resources was viewed as a threat to the system that allowed

aquillas martillando láminas de plata y soldando el vaso a una base de construcción similar.

Cuando los españoles invadieron América, quedaron deslumbrados por los adornos de oro y plata que lucían los mexicas, los incas y otros pueblos. Para los europeos esto indicaba que la tierra era rica en recursos naturales que podían explotar. Los intrincados objetos de oro y plata fabricados por manos indígenas se marcaban con sellos y se enviaban a Europa como pago a los reyes y reinas que financiaban los viajes. Allí se fundían los metales y se usaban para acuñar monedas europeas. Como resultado, los objetos que sobreviven hoy en día son tan solo un triste testimonio de los productos de lo que una vez fue una próspera industria. Pronto los españoles comenzaron a explotar los recursos naturales de las Américas mediante una intensa actividad minera que reportó inmensas riquezas a la corona. Para los indígenas, sin embargo, el apetito español por el oro y la plata era desconcertante, pues no era el valor monetario lo que veían en estos minerales, sino las conexiones simbólicas y espirituales que posibilitaban.

religious practitioners, elites, ancestors, and gods to communicate between worlds. Today's Indigenous people recognize the same threat posed by extraction and overconsumption of resources. Instead, they promote living in harmony with nature and treating the living landscape with respect.

In Indigenous thought, animals, plants, and minerals are not considered separate—rather, they are seen as beings united by a spiritual force that animates the world. It is a single life force that infuses jade, jaguars, and jack beans. Evidence of how ancient people conceived of this animating principle are threaded through the nearly six hundred Indigenous languages still extant in Latin America. In the excerpts of native people's chronicles included here, humans are created from corn, a llama trains its owner, and jade is an honored part of the community. These narratives are present not only in the ancient American works on these pages but in numerous other creations made by Latin American and US-Latino/a/e creators today. These artworks, whether vessels for daily life,

Por ello, la extracción de estos poderosos recursos se consideraba una amenaza para el sistema que permitía a los fieles, las élites, los antepasados y los dioses comunicarse entre los mundos. Los pueblos indígenas de hoy reconocen la misma amenaza que suponen la extracción y el consumo excesivo de recursos; en cambio, promueven vivir en armonía con la naturaleza y tratar este paisaje viviente con respeto.

En el pensamiento indígena, los animales, las plantas y los minerales no se consideran seres separados sino unidos por una fuerza espiritual que da vida al mundo. Es una única fuerza vital la que imbuye al jade, a los jaguares y a las legumbres. En las casi seiscientas lenguas indígenas que aún se conservan en América Latina, hay testimonios de cómo los pueblos antiguos concebían este principio vital. En los extractos de las crónicas de los nativos que se incluyen aquí, los humanos están creados de maíz, una llama instruye a su dueño y el jade es una parte reverenciada por la comunidad. Estas narraciones están presentes no sólo en las antiguas obras americanas que aparecen en estas páginas, sino

paintings, ritual paraphernalia, shining adornments, or offerings to the ancestors, demonstrate how ancient and contemporary Latin Americans respect and acknowledge the spirit within all aspects of reality.

también en otras muchas creaciones de autores latinoamericanos y latino-estadounidenses de hoy en día. Estas obras de arte, ya sean recipientes para uso cotidiano, pinturas, parafernalia ritual, adornos brillantes u ofrendas para los ancestros son prueba del respeto y reconocimiento del espíritu inherente que habita en todos los aspectos de la realidad por parte de los latinoamericanos de tiempos lejanos y de la actualidad.

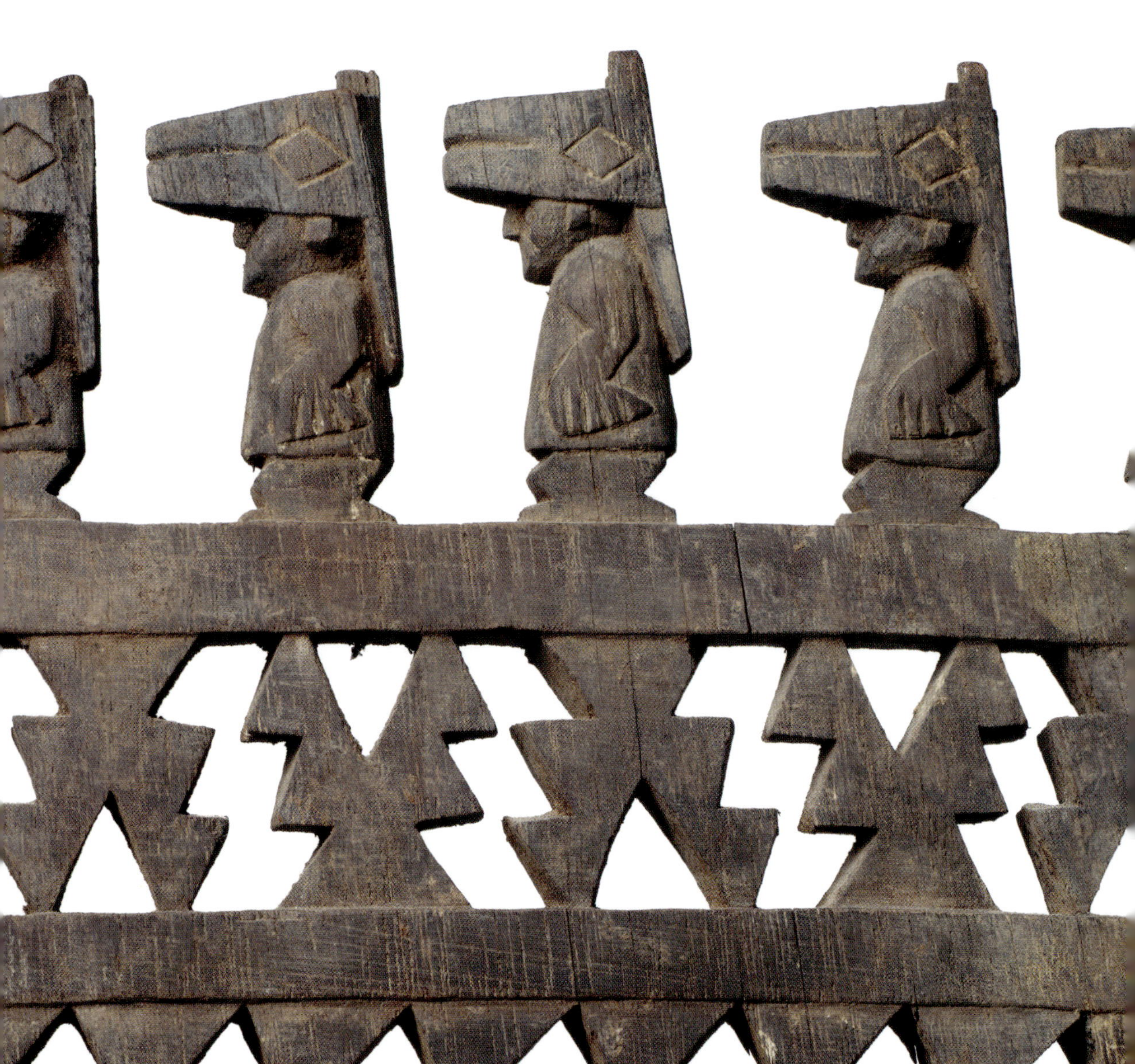

Selected Bibliography/Bibliografía seleccionada

Burtenshaw, Julia, Héctor García Botero, Diana Magaloni Kerpel, María Alicia Uribe Villegas, Luis Cayón, Francisco Chimontero Nuibita Dingula, Juan Fernando Cobo Betancourt, et al. *The Portable Universe / El universo en tus manos: Thought and Splendor of Indigenous Colombia*. Los Angeles: Los Angeles County Museum of Art, 2022.

Getty Research Institute. Digital Florentine Codex / Códice Florentino Digital. Edited by Kim N. Richter and Alicia Maria Houtrouw. Los Angeles: Getty Research Institute, 2023. https://florentinecodex.getty.edu/.

Harrison, Regina. *Signs, Songs and Memory in the Andes: Translating Quechua Language and Culture*. Austin: University of Texas Press, 1989.

The Huarochirí Manuscript: A Testament of Ancient and Colonial Andean Religion. Translated and edited by Frank Salomon and George L. Urioste. 3rd ed. Austin: University of Texas Press, 2005.

Lyall, Victoria I., ed. *El Mar Caribe: The American Mediterranean*. Denver: Denver Art Museum, 2024.

Pillsbury, Joanne, Timothy F. Potts, and Kim N. Richter. *Golden Kingdoms: Luxury Arts in the Ancient Americas*. Los Angeles: J. Paul Getty Museum, 2017.

Reents-Budet, Dorie, Julie A. Lauffenburger, and John Bourne. *Exploring Art of the Ancient Americas: The John Bourne Collection*. Baltimore: Walters Art Museum in association with D. Giles, 2012.

Tedlock, Dennis, trans. *Popol Vuh: The Definitive Edition of the Mayan Book of the Dawn of Life and the Glories of Gods and Kings*. 2nd ed. New York: Simon & Schuster, 1996.

Young, Michelle Elizabeth, and Emily Kaplan. "Cinnabar Traditions across the Ancient Central Andes: Insights from the National Museum of the American Indian Collections." *Archaeological and Anthropological Sciences* 15, article no. 182 (November 11, 2023). https://doi.org/10.1007/s12520-023-01864-8.

Index/Indice

Page numbers in *italics* refer to the illustrations

alpacas 20, 53
amulets *74*, 76
Andes Mountains *9*, 13, 20, 32, 53
animals 12, 13–14, 15, *16*, 18, 20–21, 25, 43, *48*, 50–68, *58*, *67*, *69*, 92
aquilla (silver drinking vessel) 89, 90
Aztec *see* Mexica

ballgames and ballplayers 64, *65*, 77
basalt 21, *24*
beads *75*, 76
beans *34*, 35, 37, 92
bell with bat/animal deity 15, *16*
birds *2–3*, 13, 49, 59, *62*, 63, 64
    sea birds 59, *61*, 63
    see also quetzal
bottles *33*, *46*
burial rituals 18, 25, 39, 54, 63–64, 66, 77, 79–80, 87, 89
burial urns 77, *78*, 79

cacao (chocolate) 40, 42, 43
caimans 14, 66, 68, *69*
Chancay *9*, 39, 53–54, 80, 89
chicha (corn beer) 39–40
chocolate *see* cacao
cinnabar 17, 18, 73, 79, 80, 82, 83, 84, 85
clay 57, 73, 77, 79
cochineal 17, 18
Colima 37, 66
color, significance of 18, 29–30, 73, 76, 77, 79, 80 *see also* pigments
condors *2–3*, *62*, 63
corn 14, *26*, 28, 29, 30, *31*, 35, 37, 39–40, 92
creation myths 14, 29, 30, 50–51
Cupisnique *9*, 30, 32

DeSantis, Jessy 29
    Cintli, Corn, Maíz 26, 29, 30, *31*
digging stick *38*, 39, *94*
Diquís *9*, 85, 87
dogs *48*, 66, *67*
drinking vessels 39, 40, *42*

effigies
    in burial rituals 39, 54, 66, 76
    human figurines 54, *86*, 87 *see also* tunjos

figurines 25, 54, 76, 87

ballplayer 76, 77
fish and shellfish 54, *56*, 57, 59, 63
Florentine Codex 72, 73

gold and gold alloy 15, 16, 17, 73, 80, 85, 86, 87, 88, 89, 91
greenstone 73, 76–77, 79–80 *see also* jade
Guanacaste-Nicoya *9*, *69*, *75*

hachas (ballgame implements) 64, *65*
hallucinogenic plants 43, 45
Heisei (Tairona deity) 15, *16*
Huarochirí Manuscript 50–51, 53, 57

Ica-Chincha *9*, *80*
Inca *9*, 39, 54, 89, 91
incense burners 66, 68
    with caiman effigy 66, 68, *69*

jade (jadeite) 25, 43, 72, 74, 75, 76, 77, 81, 85, 92
jaguars 43, 92
Jama-Coaque *9*, 43
jewelry 17, 43, 76, 85 *see also* beads; pendants

Kaggaba 12, 13
kero (wooden drinking vessel) 39, *41*
K'iche' Maya 29, 77, 79

Lambayeque *see* Sicán
llamas 20, 50–51, 53–54, 57, 92
lost-wax casting technique 87

maize *see* corn
masks 17–18, *19*, 80, *84*
Maya *9*, 13, 14, 25, 28, 29, 40, 53, 64, 73, 79
    see also K'iche' Maya
Maya blue 77, *78*
Mexica (Aztec) *9*, 17–18, 66, 73, 76, 79, 91
    Mictlantecuhtli (Lord of the Underworld) 17–18, *19*, 79
Moche *9*, 32, 57
Muisca *9*, 87, 89

Nahuatl language 13, 18, 30, 40, 73
Nasca *9*, 35, 43, 45, 57, 59
Nuibita Dingula, Francisco Chimontero 13

Olmec 9, 76, 77

pelicans 59, 63
pendants 17, *75*, *81*, 85
pigments
    from plants and minerals 17, 18 *see also* cinnabar
    synthetic 77, 78
plants 12, 13, 14, 18, 20, 25, 28–47
Popol Vuh 14, 28, 29, 53, 64
posts, wooden, as grave markers *10*, 79–80, *82–83*
potatoes 30, 32

Quechua language 13, 32, 53, 54
quetzal 29–30, 40, *42*, 43, 72

religious beliefs and rituals 13–14, 15, 17, 18, 21, 25, 29, 30, 39, 91–92 *see also* burial rituals

sea lions 57, *58*, 59, *60*
Sicán *9*, 59, 63
silver and silver alloy 54, 55, 73, 85, 87, 89, 90, 91
snuff tray 43, *44*
Spanish invasion 14–15, 89, 91
spirituality of animals, plants, and minerals 21, 29, 45, 66, 73, 76, 87, 91–92
squash 35, *36*, 37
stone 13, 64, 65

Taíno *9*, 21
Tairona *9*, 15, 17
textiles *2–3*, 20, *22–23*, 53, *62*, 63–64
trophy heads 43, 45, *46*
tunjos (miniature figurines) *70*, 87, *88*, 89

Veracruz *9*, 64

Wari *9*, 20–21, 63
West Mexico *9*, 25, 66
whistles 59, *61*, 63
wood 18, 19, 38, 39, 41, 45, 80, 82, 83, 84

yuca 30, *33*

Zapotec 25
zemíes (containers) 21, *24*